철학
씽킹

HONSHITSU WO TSUKITSUME KANGAENUKU TETSUGAKUSHIKO

Copyright © 2023 Koji Yoshida

All rights reserved.

Original Japanese edition published by KANKI PUBLISHING INC.

Korean translation rights © 2024 by MEDIASTREET

Korean translation rights arranged with KANKI PUBLISHING INC., Tokyo through EntersKorea
Co., Ltd. Seoul, Korea

철학씽킹

발 행 일	2025년 5월 1일 초판 1쇄 발행
지 은 이	요시다 고지(吉田 幸司)
옮 긴 이	노경아
발 행 인	김병석
편 집	노지호, 최은하, 이어령, 고서희
발 행 처	(주)미디어스트리트
출판등록	2004년 12월 24일(제2004-350호)
주 소	서울시 강남구 선릉로 513, 10층(역삼동)
전 화	02-6249-6077
팩 스	02-6249-6106
홈페이지	www.mediastreet.co.kr

ISBN 979-11-6010-078-5 03320

정가 16,000원

철학씽킹

PHILOSOPHY THINKING

요시다 고지 지음 | **노경아** 옮김

MEDIA STREET

차 례

프롤로그
지금, 철학이 비즈니스가 될 수 있는 이유

서점 실용서 코너나 각종 매체에서 '철학이 비즈니스가 된다'라는 홍보 문구를 자주 보게 됩니다. 독자 여러분도 철학과 비즈니스의 관계에 관심이 있기에 아마도 이 책을 펼쳤을 것입니다.

그런데 철학이 비즈니스에 필요하거나 도움이 된다는 것은 어떤 뜻일까요? 이런 질문을 받았을 때 철학이 우리 사회, 특히 비즈니스 현장에 어떤 도움이 되는지 실제 기업의 사례를 들어가며 자신 있게 답할 사람은 아마도 거의 없을 것입니다.

저는 2017년 5월 일본 최초의 '철학 컨설팅회사'를 설립한 후 비즈니스 현장에서 철학을 실천하고 활용해 오고 있습니다. 이전에는 철학박사 학위를 취득하고 대학에서 연구자 및 교원으로 일했고, 지금은 컨설팅회사 대표로서 중소기업에서부터 연 매출 1조 원이 넘는 대기업까지 다양한 기업들을 대상으로 인재 및 조직개발, 비전 구축, 사회적 과제에 관한 다양한 컨설팅 서비스를 제공하고 있습니다.

어떻게 철학이 이렇게 비즈니스가 될 수 있었을까요?

지금까지 철학은 비즈니스에서 가장 동떨어진 학문이자 '그리 도움이 되지 않는 학문'으로 여겨져 왔습니다.

소크라테스도 아테네 사람들에게 "가장 뛰어난 사람이여, 그대는 최고의 지혜와 힘을 가진 가장 영예로운 나라 아테네의 국민임에도 불구하고, 최대한 돈을 많이 버는 데만 혈안이 되어 있다니 부끄럽지 않은가? 명성과 명예는 신경 쓰면서 사려와 진실, 또 영혼을 탁월하게 만드는 일은 전혀 신경 쓰지도 않고 걱정하지도 않는구나"[1]라고 호소할 정도였습니다.

이 말을 들으면 비즈니스와 철학은 마치 물과 기름처럼 섞이지 않는 관계, 섞여서도 안 될 관계라고 생각하기 쉽습니다. 그러나 이제 비즈니스와 철학의 관계가 크게 달라졌습니다. 요즘 기업은 ESG나 SDGs 등으로 환경을 배려하고 성평등 등 사회적 과제에 대처해야 합니다. 또한 자사의 사회적 존재 의의목적의식를 제시하는 행위가 경쟁력, 공창력공동창작력을 낳습니다.

과거에 소크라테스나 플라톤 등이 '잘산다는 것은?', '미美란 무엇인가?' 등 가치를 탐구하는 질문을 던졌듯이 이제 기업과 기업인도 사물의 본질이나 가치를 따져야 하는 시대가 되었습니다. 그러나 '선'이나 '미'의 뜻을 사전에서 찾아 적용하는 것으로는 타사와 차별화된 비전을 도출할 수 없습니다. 사람들의 공감을 얻을 수도 없습니다. 그래서 때로는 사회 통념을 의심하고 세상의 근본 원리로 여겨졌던 개념을 벗어난 새로운 가치 기준을 제시해야 합니다.

예를 들어, 최근에 유니레버, 존슨앤드존슨, 로레알 등 화장품 대기업들이 인종 차별적 편견을 우려하여 '미백'과 같은 표현을 쓰지 않겠다고 발표했습니다. 면도기 등을 취급하는 쉬크 역시 체모에 관한 다양한 가치관을 존중하기 위해 '쓸데없는 털' 등의 표현을 폐지한다고 선언했습니다.[2]

이 사례에서는 '과연 미백은 좋은 일인가?', '무슨 기준으로 남의 털이 쓸데없다고 단정 하는가?'라며 고정관념에 의문을 제기하고 새로운 가치 기준을 제시하려는 태도와 전략을 확인할 수 있습니다.

우리 회사도 '과거에는 ○○가 좋다고 여겨졌지만 정말 그럴까?', '만약 △△라면 어떨까?'라는 식으로 질문을 심화하면서 기존의 사고 범위를 넘어서는 철학적 사고를 통해 상품·서비스·광고 콘셉트를 설계하고 인재와 조직을 개발해 왔습니다.

또한 넓은 시야와 깊은 통찰력을 기르는 직원연수, 대화형 워크숍, 철학 전문 지식을 활용한 컨설팅을 통해 고객사의 과제에 대응하고 있습니다. 그 테마는 본문에서 소개할 '업무 개혁', '여성 활약 추진', 상품·서비스·광고 관련 프로젝트의 구체적 과제에서부터 '미래에 대한 책임', '연구·개발자의 사명', '웰빙' 등에 이르기까지 매우 다양합니다.

얼마 전만 해도 "그런 걸 생각하느니 손을 움직여서 과제를 해결하라"라고 일축하는 사람이 많았습니다. 그러나 사물뿐만 아니라 의미의 혁신도 요구되는 지금, 기업인들에게도 사물의 본질을 파고들어 곰곰이 생각하는 힘이 필요해지고 있습니다. 그 힘은 더 좋은 세상을 만들기 위한 사회적 가치 창출에 공헌하는 동시에 기업이 사업을 전개할 때 필요한 새로운 가치 규범을 제시하며 경쟁·공창 전략을 우위에서 추진하는 역량이 될 것입니다.

그러나 우리 회사가 추상적 개념을 물으며 본질을_{때로는 기존의 상식을 벗어나} 파고드는 것은 사회적 가치를 창출하기 위해서만이 아닙니다. 우리 회사 조직 혹은 프로젝트팀의 토대를 구축하는 데에도 이런 활동이 점점 필수가 되고 있습니다.

비즈니스를 둘러싼 환경이 예전보다 복잡해지고 변화도 점점 격렬해지는 지금, 외부 환경에 맞추기만 하면 세상의 격류에 휩쓸리기 쉽습니다. 그러므로 '이 사업을 통해 실현하고 싶은 일'과 '실현하고 싶지 않은 일'에 관한 흔들리지 않는 판단 기준이 꼭 필요합니다.

'우리는 누구인가?', '우리 사업의 본질은 무엇인가?'라는 질문에 대한 확고한 생각은 아이디어나 전략을 채택할 때도 나침반이 될 것입니다. 또한 철학적 사고 및 대화를 통해 구성원 모두가 같은 비전과 콘셉트를 공유하면 결속력 높은 팀 빌딩도 가능해질 것입니다.

철학은 인간의 본성, 세계의 근본 원리, 진선미 등 보편적 가치를 탐구하는 학문이므로 추상적 질문을 직시하며 깊이 사고하는 데 절대적인 강점을 발휘합니다.

"왜_{Why}라고 다섯 번 질문하라"라는 비즈니스 격언이 있습니다.

철학적 사고는 합리적인 사고이기도 하지만 이 격언처럼 '왜', '무엇을 위해'라고 거듭 질문하며 파고들어 더는 이유를 물을 수 없는 최종 결론을 도출하는 역동적인 사고이기도 합니다.

저도 철학의 식견과 사고법으로 고객의 다양한 과제에 대응해 왔습니다. 철학을 실제 사회, 특히 비즈니스 현장에서 활용한다는 것은 어떤 의미일까요? 이 책에서는 기업의 실제 도입 사례를 통해 이 질문에 답하려 합니다.

책은 총 4장으로 이루어져 있습니다. 미리 말하자면 그중 1~3장에서는 철학자의 사고법을 누구나 훈련하여 실천할 수 있도록 직접 고안한 사고법인 '철학씽킹'을 그 용도와 실천 방법, 기업의 도입 사례와 함께 소개하면서 되도록 철학에 대한 전문용어를 배제하여 누구나 쉽게 읽고 철학적 사고를 실천할 수 있도록 했습니다. 4장에서는 전문적인 철학 지식이 비즈니스나 실제 사회에서 어떻게 활용되는지 살펴보았습니다. 이 부분 역시 예비지식이 없는 사람도 누구나 편하게 읽을 수 있도록 정리했습니다.

참고로 이 책에서는 제가 체계화한 사고법을 '철학씽킹'으로 부릅니다. 한편 철학 전문지식을 활용하는 사고, 즉 넓은 의미의 철학적 사고는 '철학사고'또는 단순히 철학로 부릅니다.

더 구체적으로 설명하자면 우선 1장에서는 서구의 철학 컨설팅 동향, 철학 및 윤리에 관한 서구와 일본의 관점 차이, 비즈니스 현장의 철학 활용법을 설명합니다.

2장에서는 여러 기업에서 도입한 '철학씽킹' 기법을 소개합니다.

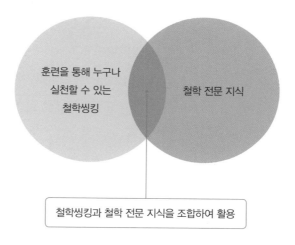

[도표1] 이 책에서 다루는 철학사고

훈련을 통해 누구나 실천할 수 있는 철학씽킹

철학 전문 지식

철학씽킹과 철학 전문 지식을 조합하여 활용

이 기법은 개인의 자발적 사고력과 과제 설정 능력 제고, 그룹대화형 워크숍을 통한 비즈니스 과제 해결에 활용되고 있습니다. 따라서 여기서는 '철학씽킹'과 다른 '○○사고'의 차이를 알아보고 이 기법을 조직이나 팀에서 실천할 방법을 제시합니다.

3장에서는 고객사의 철학씽킹 활용 사례 및 이 기법을 습득한 '철학씽커'들의 기업 내 활약 사례를 소개합니다. 마지막 4장에서는 철학 전문 지식을 활용하는 법과 이를 실제로 활용한 사례를 소개합니다.

원래 저는 영국 출신 철학자 A. N. 화이트헤드Alfred North Whitehead, 1861~1947의 사상을 중심으로 '과정 철학'이라는 분야를 연구했습니다. 화이트헤드는 제자인 B. 러셀Bertrand Russell, 1872~1970과 함께 《프린키피아 마테마티카Principia Mathematica, 수학의 원리》를 저술하여 현대 철학을 개시한 철학자로 1924년에 미국으로 건너간 후 하버드 경영대학원의 경영학자와 실무자들에게 큰 영향을 주었습니다.

일본 사상 중에서는 세계적인 경영학자 노나카 이쿠지로野中郁次郎 씨의 '지식 창조 이론' 중 'SEC 모델'을 참조했습니다. 현대 경영학 역사의 주류와는 다른 흐름을 형성하며 '또 하나의 하버드 경영대학원'이라 할 만큼 저에게 많은 것을 가르쳐 준 이 사상의 계보를 되짚으며, 인재·조직 개발 등에서 철학을 활용하여 서로 다른 가치관·세계관의 격차를 극복하는 일에 관해 논했습니다.

앞서 말했듯이 기업인들은 지금까지 철학을 멀리했고, 철학 연구자들도 비즈니스와 일정한 거리를 유지했습니다. 그러나 2500년 넘는 철학사를 둘러보면 사회에서 실무자로 일했던 철학자도 많았습니다. B. 파스칼Blaise Pascal은 세계 최초의 공공교통기관승합마차을 고안했고, D. 흄David Hume은 귀족의 가정교사, 비서, 국무성 차관, 도서관 관장으로 일했으며, J. S. 밀John Stuart Mill은 동인도 회사의 사무관이자 정치가로 활약했습니다.

현실 세계의 과제를 처리하는 과정에서 탄생한 철학도 셀 수 없이 많습니다. 철학은 너무 명백해서 아무도 의심하지 않는 가치관이나 세계관을 의심하고 새로 구축하는 역할을 하기 때문입니다. 따라서 철학과 비즈니스는 서로 협동하여 새로운 가치를 창출하거나 사업을 전개하고 현실을 변혁할 수 있습니다.

그러나 많은 철학자가 그랬듯 새로운 가치관, 세계관을 제시하려면 처음에는 "그런 일이 가능할 리가 없다", "이상한 소리다"라고 부정당할 수 있습니다. 그래도 주위의 냉소에 기죽지 않고 올곧게 나아가다 보면, 분명히 언젠가는 열매를 맺고 세상의 흐름을 바꾸게 될 것입니다.

저 역시도 그랬습니다. 2017년에 철학으로 창업을 한다고 했더니 주위 사람들이 "철학이 어떻게 사업이 되느냐", "그런 시장은 없다", "순진한 생각이다"라며 냉담한 반응을 보였습니다. 그래도 저는 "내 철학 연구 결과를 현실 세계에서 활용하고 싶다. 철학은 더 좋은 미래를 만드는데 꼭 필요하다"는 생각으로 사업을 전개했습니다. 그러다 보니 미쓰비시 부동산, 돗판 인쇄TOPPAN, 리크루트, 라이온, 퍼솔 커리어PERSOL CAREER 등 대기업이 업무를 의뢰하기 시작했고, 〈일본경제신문〉이나 〈주간 다이아몬드〉 등 매체도 우리 회사를 소개하기 시작했습니다.[3] 이런저런 좌절 속에서도 사업을 여기까지 이끌어 준 것 역시 다름 아닌 '철학'이었습니다.

이 책에는 철학씽킹을 통해 본질적인 과제를 찾아내고, 자신 또는 자사가 해야 할 일을 알아내는 요령, 또 그 요령을 자신의 업무나 자사의 정책에 도입하는 방법이 담겨 있습니다.

기업인 등 실무자만큼 철학을 통해 더 좋은 미래를 실현하는 일에더 좋다는 건 어떤 뜻인가도 탐구하면서 적임자는 없다고 생각합니다. 개인이든 조직이든, 새로운 일에 도전하고 역경과 난국을 극복하려는 모든 사람에게 이 책이 도움이 되기를 바랍니다.

哲學
思考

PHILOSOPH

PART 1
비즈니스 현장에서의 철학 활용

THINKING

사회에 철학을 적용하는 새로운 사업

저는 회사를 창업하기 전에 대학의 연구원이었습니다. 조치^{上智}대학 철학연구과에서 박사 학위를 취득하고, 같은 대학 문학부의 특별연구원을 거쳐 도쿄대학 철학연구실에 소속된 일본학술진흥회 특별연구원으로 일했습니다. 그런데 매일 열심히 연구하면서도 늘 풀지 못한 의문이 하나 있었습니다.

"지금의 철학에 과연 현실 세계를 변혁할 힘이 있을까?"

제 전공은 '형이상학'과 '우주철학_{코스몰로지}'입니다. '궁극적 실체는 무엇인가?', '세계는 왜 생겨났는가?' 등의 문제를 탐구하는 분야죠.

철학은 대체로 생활에 도움이 안 된다고 하는데, 저는 그중에서도 가장 실용성이 떨어지는 분야를 전공한 셈입니다. 물론 사색이 깊어지면 인생과 세상을 인식하는 방식이 근본적으로 달라집니다. 그래도 먹고 자는 시간을 아껴가며 철학서를 읽고 논문을 써서 학회와 학회지에 공개해 봤자 실제 사회에 의미 있는 파급력을 미쳤다고 느낀 적이 거의 없었습니다.

철학에 사회적 파급력은 필요 없다고 생각하는 사람도 있을 것입니다. 그러나 세상의 근본 원리나 보편적 구조, 진선미 등의 가치를 탐구하는 학문인 철학은 예로부터 세상을 더 좋은 방향으로 이끄는 역할을 담당했습니다. 플라톤의 우주철학이 담긴 《티마이오스》나 화이트헤드의 형이상학이 담긴 《과정과 실재_{Process and Reality}》

등 철학서에도 "철학적 이성이 폭력을 억지하여 비극을 방지하고 가치 있는 세계를 실현한다"라고 쓰여 있습니다.

저는 "2500년 넘게 축적된 철학의 지혜를 이 현실 세계에 적용하고 싶다", "더 좋은 미래를 만들려면 철학을 사회에 반드시 적용해야 한다"는 마음을 품고 2017년 일본 최초의 철학 컨설팅회사를 설립했습니다. 그러나 사업 모델도 시장도 없이 새로운 사업을 개발하는 것은 그야말로 맨땅에 헤딩하는 듯한 일이었습니다.

철학을 실제 사회, 특히 비즈니스 현장에 도입하는 일에는 어떤 의미가 있을까요? 이 책에서 그 진실을 공개하려고 합니다. 그러려면 현재 철학과 비즈니스가 국내외에서 어떻게 인식되는지부터 설명하고 제가 철학을 사업화하며 어떤 시행착오를 거쳤는지 말씀드리는 것이 좋겠습니다.

사내 철학자를 고용한 구글과 애플, 그리고 서구의 철학 활용법

2010년대에 '철학 컨설팅'이 전 세계에 급속히 보급되었습니다.[4] 벌써 10년쯤 된 일이지만 이 시기에 미국 구글이 '인하우스 필로소퍼_사내 철학자_'를 고용한 것이 세계적 화제가 되었습니다. 철학 박사인 D. 호로비츠_Damon Horowitz_가 개인화 및 사생활 보호 기능 등의 개발 프로젝트를 주도했다고 몇몇 해외 매체가 보도하기도 했습니다.

호로비츠는 엔지니어인 동시에 인지와 언어를 다루는 철학 전문가입니다. 강연에서 "기술이라는 렌즈를 통해서만 세계를 보면 많은 것을 놓치게 된다. 언어에 의미를 부여하는 많은 것도 거기에 포함된다"라고 말한 것을 보면 그가 기술 개발뿐만 아니라 그 기술의 배경에 숨어 있는 의미와 기술이 초래할 윤리적 문제에 관해 조언했다는 것을 알 수 있습니다.

사내 철학자를 고용한 회사는 구글만이 아닙니다. 2014년에는 미국 애플이 저명한 철학자 J. 코언Joshua Cohen을 정규직으로 고용했습니다. 코언은 민주주의론 등을 주로 다루는 정치철학자입니다. 취재를 거부한 탓에 애플에서 어떤 일을 하는지는 밝혀지지 않았지만 '애플 유니버시티'라는 사내 교육기관에 배속된 것으로 보아 정치철학 관점의 자문과 연수를 담당했을 것으로 보입니다.

이렇게 철학자 개인이 기업에 고용된 사례를 소개했지만 서구에는 그 외에도 철학 컨설팅을 제공하는 기업이나 단체도 많습니다. 그리고 그 서비스를 이용하는 기업이 많습니다.

예를 들어, 철학 박사이자 아스콜Ascole이라는 기업의 설립자인 A. 타가트Andrew Taggart는 '어떻게 해야 더 성공할 수 있을까?'라고 생각하는 기업 간부에게 '왜 성공해야 하는가?'라고 되묻는 철학 코칭 프로그램을 제공했다고 합니다.[5] 이런 되묻기를 통해 암암리에 자리 잡은 선입견을 재고하거나 '과연 성공이란 무엇인가?'라는 더 깊은 사고를 유도할 수 있습니다. 2022년에 저도 타가트의 세미나에 참석한 적이 있었는데, 그때 주제는 '결핍감의 극복'이었습니다.

타가트는 '결핍감은 왜 생기는가?'라는 질문을 던진 후 "자기 자신에 관한 지식이 없기 때문"이라는 답을 내놓았습니다. 그의 말에 따르면 결핍감은 돈, 시간, 성취 등이 '아직 충분하지 않다'라고 느낄 때 생겨나는 감정으로 '어떻게 하면 돈과 시간을 조금 더 얻을 수 있을까?'라는 식으로 대상에만 의식을 집중하게 만듭니다.

그러나 타가트는 '과연 누구에게 부족한가?'라고 자문하여 자기 자신을 이해하면 부족한 게 있다고 믿거나 느끼지 않을 것이라고 말합니다. 따라서 결핍감을 극복하고 싶다면 '나는 결핍을 어떻게 느끼는가?', '나는 결핍감을 느낄 때 어떤 사람이 되려 하는가?'라는 질문으로 내적 성찰을 촉구하는 동시에 '결핍감이 없을 때의 나는 어떤 사람인가?'를 생각해야 합니다. 타가트의 컨설팅은 이처럼 개인에게 심오한 철학적 질문을 던져 자기 성찰을 촉구하는 것이 특징입니다. 미국에는 타가트와 비슷하게 활동하는 '철학 전문가'가 많습니다. '미국 철학 전문가 협회'라는 조직에서 인증받은 전문가들 말입니다.

철학 컨설팅은 유럽에서도 빠른 속도로 확산되고 있습니다. 사실 그 출발은 유럽이었습니다. 미국보다 이른 1981년에 독일의 철학자 G. 아헨바흐Gerd Achenbach가 자신의 클리닉에서 '철학 상담' 서비스를 처음으로 개시했는데[6] 이것이 철학 컨설팅으로 발전하여 오늘날 비즈니스 현장에 활용되고 있는 것입니다.

그 외에 독일의 '프로젝트 필로소피Projekt Philosophie'라는 기업과 네덜란드의 '뉴 트리비움The New Trivium'이라는 단체를 예로 들 수 있습니다. 두 집단은 토론 기술 향상을 위한 코칭과 세미나를 실시하면서 회의 퍼실리테이팅^{대화 진행}을 통해 토론을 심화하고 본질을 탐구하는 일을 돕고 있습니다.

문제 해결에만 치중하는 일본 시장

창업 당시에는 저도 이런 세계적 동향을 잘 알지 못했습니다. 그러나 인공지능이나 생명공학 기술, 차세대 이동수단 등 신기술이 눈부신 발전을 이룩하자 그것들이 사회에 미칠 악영향과 윤리적 문제도 사회적 이슈로 떠올랐습니다. 그 외에도 기후변화와 성평등 문제 등 해결해야 할 사회적 과제가 많습니다. 따라서 저는 21세기에 철학 컨설팅이 꼭 필요하다고 확신하게 되었습니다.

그러나 창업한지 얼마 되지 않아 좌절을 맛보았습니다. 일본 비즈니스 현장에서는 전문적 철학이나 윤리학이 아니라 문제의 해법, 그것도 되도록 매출 이익으로 직결되는 해법만을 요구했기 때문입니다. 당연한 일 아니냐며 의아해하시는 분도 계실 것입니다. 그러나 저도 아무 생각 없이 창업을 한 것은 아닙니다. 연구원 시절에 경영자와 기업인이 모인 자리에 참석하다 보니 철학에 관심을 보이거나 "비즈니스에는 철학이 필요하다"라고 말하는 사람이 많았습니다. 입문 수준의 철학에서부터 사회적 과제에 관련된 철학까지 폭넓게 소개하는 제게 "꼭 일을 의뢰하고 싶다"라고 말하는 사람도 있었습니다.

　그러나 현실에서는 모든 사람이 '과연 성공이란 무엇인가?', '기술과 사회의 관계는 어때야 하는가?'를 물을 새도 없이 눈앞에 닥친 사업적 문제와 매일의 업무에 쫓기고 있었습니다. 그래서 "철학은 중요하다"라고 머릿속으로 생각할 뿐 기존 비즈니스의 틀 안에서 어떻게 도움을 받고 어떤 성과를 낼지 미리 장담하지 못하면 예산을 배정해 주지 않았습니다.

　오히려 '도움 되는 철학'이라고 하면 고민 해결에 도움이 되는 격언이나 잡학을 떠올리는 사람들이 많습니다. 이것은 철학자들이 연구하는 철학과는 전혀 다른 영역입니다.

　왜 그렇게 되었을까요? 서구와 일본은 철학과 윤리학을 이해하는 방식이나 철학과 비즈니스의 관계성을 인식하는 방식이 근본적으로 다르기 때문입니다.

룰 메이커를 지향하는 서구 기업

　일본 기업과 달리 서구 기업은 플랫폼뿐만 아니라 규칙까지 직접 만들려는 경향이 있습니다.[7]

　여론 등을 통해 사회가 문제를 어떻게 받아들이는지 파악하고 그에 따라 법 제도 정비에 공을 들이거나 자신들이 좋다고 여기는 것을 명확히 내세우는 것입니다.

GAFA~Google, Apple, Facebook, Amazon~[8]가 기업 내 철학자를 고용한 것에는 이런 전략적 의도도 있었을 것입니다. 유도 등 국제 경기의 규칙이 바뀌면 아무리 강한 선수라도 이기기 어렵습니다. 비즈니스에서도 '룰 메이커'가 되어야 경쟁 우위에 설 수 있습니다. 하지만 자사의 규칙을 사회에 적용하려 한다고 해서 사람들이 쉽게 따라와 주지는 않습니다. 따라서 자사가 그리는 이상적인 사회의 비전과 그 비전에 설득력을 부여하기 위한 논리가 필요합니다.

세일즈포스나 보잉, 로레알, 에어비앤비 등 서구 기업들은 'CEO~Chief Ethics Officer, 최고 윤리 책임자~' 또는 그와 유사한 직책을 신설했습니다. 철학과 윤리를 사업 전개에 적극적으로 활용하겠다는 뜻입니다.

한편 일본 기업은 비난 회피나 법령 준수에는 신경을 쓰지만 새로운 규칙을 만드는 일에는 소극적인 경향이 있습니다.

예를 들어 신기술 도입이나 혁신과 관련하여 아직 법 제도가 정비되지 않은 모호한 부분이 있으면 '윗선'에 빨리 정비해 달라고 요청하거나 남이 규칙을 정해 주기를 기다릴 때가 많습니다. 같은 상황에서 서구 기업이 규칙 제정을 위해 영향력을 행사하거나 과감한 사회 실험을 실시하는 것과는 대조적입니다.

윤리를 서로 다르게 이해하는 일본과 서구

이런 현상이 발생하는 것은 일본과 서구에서 '윤리'라는 말을 서로 다르게 이해하기 때문이기도 합니다. 일본 사회에서 '윤리'는 외부에서 받아들인 생각 즉 "○○하면 안 된다"라든가 "사람은 이렇게 살아야 한다"라는 도덕적 원칙이나 행동 규제 방침으로 이해되는 경향이 많습니다.

코로나 사태로 외출 자제가 권고되었을 당시_{법적 구속력은 없는 윤리적 권고} 외출하는 사람이 과도하게 비난받거나 차별 당했던 것만 보아도 일본에서는 소위 '동조 압력' 탓에 윤리가 때로는 법보다 더 권위적, 억압적으로 작용한다는 사실을 알 수 있습니다.

반면 서양 철학에서 '윤리'는 '내가 좋게 여기는 것', '그렇게 여기는 이유'를 논리적으로 추구하는 지적인 행위에 가깝습니다. 타인의 도덕적 원칙이나 방침을 무비판으로 받아들이기보다 스스로 규범을 수립하고 그 규범을 따르는 것이 서구 철학의 윤리입니다.

물론 "서구에서는 철학자와 윤리학자를 고용한다. 법적으로 모호한 영역이 있어도 윤리를 무기 삼아 혁신에 도전한다. 그러니 우리도 그렇게 하자"라고 단순히 주장할 수는 없습니다.

실제로 GAFA는 앞에서는 새로운 규범을 만들고 뒤에서는 규범을 어기는 일도 많습니다. 그러므로 서구 기업을 무비판으로 추종하는 것 또한 철학적인 자세가 아닙니다.

다만 이제 다양한 사례에서 '내가 좋게 여기는 것', '그렇게 생각하는 이유'를 철학적으로 생각할 필요가 생겼다는 것이 중요합니다. 그러면 본격적으로 이야기를 시작하기 전에 과연 '철학'이란 무엇인지 생각해 봅시다.

GAFA 예찬에 대한 경고, 기업 전속 철학자의 장단점

우리 회사 자체 매체인 〈BIZPHILO〉 및 외부 매체들을 통해 서구의 비즈니스가 철학을 점점 더 많이 활용한다는 소식을 전했더니 반응이 사뭇 뜨거웠습니다. 하지만 서구의 선행 사례를 살펴보며 그 장단점을 잘 따져 보아야 할 듯합니다.

예를 들어 2020년 12월 미국 구글은 자사의 대규모 언어 모델에 포함된 차별적 편향성을 지적한 논문을 발표한 AI 윤리 연구자 팀닛 게브루(Timnit Gebru)를 해고했습니다. 논문 공저자 이름에서 본인 이름을 삭제하라는 구글의 요구를 거부했기 때문입니다(팀닛은 AI 개발 현장에 백인 남성의 비율이 높아 다양성이 떨어진다는 문제도 지적했습니다). 구글은 심지어 팀닛의 해고를 항의한 동료 윤리 연구자 마거릿 미첼(Margaret Mitchell)도 해고했습니다. 이 일로 연구자 커뮤니티가 회사에 등을 돌렸고 구글은 윤리 연구팀에 자금 제공을 중단했습니다. 그 결과 2,600명이 넘는 직원이 항의 서명에 동참하거나 항의의 뜻으로 사직하는 사태가 벌어졌습니다.[9]

그런가 하면 윤리학자를 긍정적으로 활용한 사례도 있습니다. 2021년 트위터(현 엑스)는 윤리적 AI를 만들기 위해 빅테크에 가장 비판적인 AI 윤리학자를 고용했습니다. 트위터의 META(Machine Learning, Ethics, Transparency and Accountability)팀은 '책임 있는 기계 학습'을 그해의 최우선 성취 목표로 정했습니다.[10] 그러나 이 META팀 역시 2022년 11월 일론 머스크가 트위터를 매수한 후 해체되었습니다.[11]

구글과 트위터의 사례를 보면 기업 활동과 윤리적 요구가 갈등을 일으킬 수 있다는 사실을 알게 됩니다. 철학자와 윤리학자를 고용한다고 해서 기업이 윤리적 요구를 우선한다고 말할 수 없는 것입니다. 오히려 철학과 윤리학이 자사 사업을 정당화하는 윤리 세탁(Ethics Washing) 수단으로 쓰일 위험이 있습니다.

'기업 전속 철학자(Inhouse Philosopher)'라는 고용 형태가 여기에 선악 양면의 효과를 미칩니다. 나쁜 점은 '기업 전속'이다 보니 철학자다운 비판을 제대로 제기하지 못하고 오히려 자사나 고객의 정당화에 악용될 위험이 있다는 것입니다. 이런 해외 동향을 참고하여 일본 기업은 철학, 윤리학과 어떤 관계를 맺으면 좋을지 신중히 생각할 때입니다.

철학이란 무엇인가라는 철학적 문제

철학이란 과연 무엇일까요? 독자 여러분은 이 질문에 어떻게 대답하시겠습니까? 기업 강연이나 대학 수업에서 이 질문을 던지면 "소크라테스가 어쩌고 플라톤이 어쩌고 하는 것", "본질을 묻는 학문", "기업 이념과 경영자의 생각" 등의 대답이 나옵니다. 누구나 '철학'이라는 말을 알지만 그 의미는 정확히 모르는 채 막연한 이미지만 그리는 듯합니다. 그런데 사실 '철학이란 무엇인가?'라는 질문 자체가 철학의 큰 과제입니다.

철학을 뜻하는 그리스어 '필로소피아 Philosophia'는 기원전 5세기 고대 그리스에서 '사랑하다'라는 뜻의 '필레인 Philein'과 '지혜'라는 뜻의 '소피아 Sophia'가 합쳐져서 만들어진 말입니다. 그래서 원래 뜻은 '지혜를 사랑하다'입니다.

그러나 원래 의미를 찾아보기만 해서는 '철학이란 무엇인가?'라는 질문에 답할 수 없습니다. '그렇다면 과연 지혜란 무엇인가?', '지혜를 사랑하지 말라고 주장하는 철학도 있지 않은가?'라는 식으로 재차 의문을 제기할 수 있기 때문입니다.

물론 대학에는 철학과라는 학과도 있고 철학 전문 연구자나 '○○철학회'라는 학회도 있습니다. 철학과에서는 고대에서 현대까지의 철학사를 배우거나 플라톤, 아우구스티누스, 데카르트, 칸트 등 다양한 철학자의 문헌을 독해합니다. 그러나 이처럼 철학의 역사를 되풀이하여 배우거나 과거의 철학서를 이해하는 것이 철학은 아닙니다.

철학학회에서 〈○○ _{철학자 또는 철학서의 명칭}의 △△ 개념에 관하여〉라는 연구논문이 자주 발표되는데 철학 연구자 본인들도 그런 논문을 '관하여 논문'이라고 부르며 "이런 것도 철학이라 할 수 있을까?"라고 조롱합니다. 심지어 '철학이란 무엇인가?', '철학만의 방법론이 있는가?'라는 문제를 철학적으로 연구하는 '메타 철학'이라는 분야가 요즘 철학 연구자들 사이에서 화제가 되고 있습니다.

철학의 세 가지 의미

철학 전문가도 '철학이란 무엇인가?'라는 질문에 쉽게 답할 수 없지만 이 책에서는 철학을 다음의 세 가지 영역으로 구분합니다.

❶ 한 개인의 인생 교훈, 격언, 신조로서의 '철학'

❷ '왜', '어떤 의미' 등으로 의문점을 파고드는 '철학'

❸ 대학 등에 소속된 철학자들이 연구하는 '철학'

인생철학이나 성공철학, 연애철학 등의 말이 있듯이 사람들이 일반적으로 '철학'을 언급할 때는 주로 ❶을 가리킵니다. 이때 철학은 인생과 일, 연애 등의 문제를 한 개인이 어떻게 극복했는지에 관한 체험적 방법론, 그리고 '이렇게 하면 잘 된다', '이렇게 하니까 잘 됐다'라는 식으로 신조와 격언을 통합한 개념입니다. 약 2500년 전에 고대 그리스에서부터 이어진 철학에는 분명 그런 측면도 있습니다. 자기계발 서적에 스토아학파 철학자나 니체 등 특정한 철학자의 말이 인용될 정도로 ❶의 철학은 아직 굳건합니다.

❷의 철학은 ❶의 철학을 포함하는 동시에 비판적으로 초월합니다. ❶의 철학은 자칫하면 자기 생각을 맹신하거나 타인의 말을 배경 이해나 문맥 이해 없이 그대로 받아들이는 결과를 낳습니다. 따라서 자신을 분발시키거나 안정시키는 효과는 있을지 모르지만 사실과 다르거나 근거가 없는데도 자기 신념을 끝까지 굽히지 않는 '독재_{독단, 억견}'를 초래할 수 있습니다. 반면 ❷의 철학은 자신이 정한 정책이나 타인의 말을 '왜 그렇게 말할 수 있지?', '과연 ○○란 무슨 뜻이지?', '사실과 다르지 않을까?'라고 의심하며 답을 논리적으로 탐구하는 철학입니다.

앞서 철학 활용의 해외 사례 중 몇몇은 이런 철학적 '사고' 혹은 '태도'를 기업 활동에 도입한 사례입니다. 이들처럼 "우리 회사의 기업 활동이 정말 윤리적으로 옳은가?", "내 일의 의의는 무엇인가?" 등의 질문을 깊이 파고들어 사고하는 것이 '철학사고'입니다.

대학 등 연구기관이나 교육기관에 소속되어 철학을 전문적으로 연구하는 연구자는 이 ❷의 철학적 사고 전문가입니다. 다만 철학 전문가의 철학은 ❷에서 더 나아갑니다.

'철학'은 '좁은 의미의 철학'과 '윤리학', '미학'으로 나눌 수 있습니다. 세 가지 다 근거와 이유, 의미를 파고드는 학문이라서 넓은 의미의 '철학'에 속하지만 윤리학은 특히 '선'을, 미학은 특히 '미'를 연구합니다.

좁은 의미의 철학에는 존재를 탐구하는 존재론과 인식을 탐구하는 인식론 등 다양한 분야가 포함되며 그 외에도 [도표2]에 언급된 세세한 개별 분야와 주의, 사상이 포함됩니다.

철학 연구자들은 이처럼 다양한 분야에서 역사적 철학자의 사고를 추적하거나 동시대 철학자와 토론하면서 다양한 철학적 문제를 다루고 있습니다.

[도표2] 철학자들이 연구하는 철학 분야

철학		
진	**선**	**미**
좁은 의미의 철학	윤리학	미학
존재론, 자연 철학, 인식론, 과학 철학, 윤리학, 현상학, 해석학, 실존주의, 구조주의 등	메타 윤리학, 규범 윤리학 (공리, 의무론, 덕 윤리), 응용 윤리학(정보 윤리학, 환경 윤리학) 등	예술 철학(문학, 음악, 회화, 조각, 건축, 사진), 분석 미학, 환경 미학, 일상 미학 등

철학자의 기술과 철학씽킹

저는 처음에 ❸의 전문적 철학을 조직 운영이나 기술 개발 컨설팅에 활용할 생각으로 회사를 설립했습니다. 그러나 사업화가 쉽지 않아 활로를 모색하던 중에 새로운 깨달음을 얻게 되었습니다.

일반인을 위한 강연이나 철학서 강독 세미나 등 들어오는 대로 의뢰를 받다 보니 여러 사람에게서 "퍼실리테이션 기술이 대단하네요! 어떻게 하신 거예요?" 같은 피드백을 받았기 때문입니다.

아이러니하게도 철학 전문 지식보다 오히려 철학적 사고에 기반한 퍼실리테이션, 특히 질문이나 논점을 파고들어 본질적인 과제를 도출하는 기술이 높게 평가받은 것입니다.

저는 대학과 대학원에서 철학을 공부하며 저절로 퍼실리테이션 기술을 갖추게 되었습니다. 대학원 철학과의 커리큘럼은 일반적으로 강의, 문헌강독, 세미나로 구성됩니다. 특히 문헌강독이나 세미나에는 철학 전공 교수나 학생들과 토론하는 순서가 매번 포함되는데 그 토론은 대부분 다음과 같이 진행됩니다.

① 사전에 정독한 교본(세미나에서는 발표자의 원고) 중에서 이해되지 않는 부분, 의문과 반론을 다른 수강자들과 공유한다.

② 질문에 관해 이야기하며 교본을 정확히 이해할 수 있도록 서로 돕는다.

③ 교본 또는 저자인 철학자(세미나에서는 발표자)의 생각을 비판적으로 고찰하거나 발전적으로 토론한다.

비즈니스 회의처럼 의제를 미리 정하지는 않았습니다. 오히려 의문점이나 질문을 공유하면서 토론을 시작하고 비판적으로 서로 질문하면서 교본 또는 사상의 진의를 함께 깊이 탐구하는 방식입니다.

철학을 전공하면 대개 부모나 친구들에게서 "철학과에 들어가서 무슨 도움이 되느냐?", "제대로 취직은 할 수 있겠느냐?" 등과 같은 말을 듣습니다. 그러나 난해한 철학서를 놓고 학우들과 매일 이유나 근거를 캐물으면서 토론하다 보면 사고력이 단련될 수밖에 없습니다. 그중에서도 타인의 말교본인 철학서의 말도 포함을 정확히 이해하는 능력, 논리적·비판적으로 말하거나 요점을 정리하는 능력, 그리고 무엇보다 문제를 파고들어 본질을 추구하는 능력이 놀라울 정도로 향상됩니다.

비즈니스 현장에 철학적 사고가 필요하다는 사실을 깨달은 저는 세미나 등에서 활용했던 사고 패턴과 메모법을 정리한 방법론을 '철학씽킹'으로 명명했습니다. 그리고 2018년 5월, 롯폰기 아카데미 힐스에서 '철학씽킹'을 주제로 강연과 워크숍을 실시하여 긍정적인 반응을 얻었습니다. 그 후 많은 대기업에서 업무를 의뢰받았고 〈닛케이 전자판〉에 '기적의 고교'라는 칼럼을 연재하게 되었으며 〈주간 다이아몬드〉 등 매체에 크게 소개되기도 했습니다.[12]

그런데 철학적 식견과 사고법을 비즈니스에 어떻게 활용해야 할까요? 지금부터 철학을 비즈니스에 활용하는 목적과 용도, 최적의 상황을 소개하겠습니다.

고대 그리스의 철학자 소크라테스는 그럴듯하게 말하는 변론술을 가르쳐서 돈을 버는 소피스트를 비판하고 명성과 명예, 돈보다 영혼이 잘 되도록 하는데 신경 써야 한다고 말했습니다. 이 말 때문인지 비즈니스와 철학이 양립하지 않는다고 생각하는 사람이 많습니다. 그러나 최신 연구 보고서들은 소크라테스의 이해가 단편적이었다고 말하며 소피스트를 재조명합니다. 오히려 소피스트의 세련된 토론과 그 교육적 의의를 높이 평가하는 것입니다. 게다가 약 2,500년에 걸친 철학사를 돌아보면 철학자가 비즈니스 실무와 무관하다는 생각은 편견이라고밖에 말할 수 없습니다.[13]

'인간은 생각하는 갈대다'라는 말로 유명한 근대 프랑스 철학자 B. 파스칼은 세계 최초의 공공 교통 기관(승합마차)을 고안했습니다. 가난한 사람들이 당시 개인용이었던 마차를 이용하지 못하는 것을 안타까워하며 저렴한 요금으로도 이용할 수 있는 승합마차를 만든 것입니다. 또 스코틀랜드의 철학자 D. 흄은 귀족의 가정교사, 비서, 국무차관, 변호사협회 도서관장 등 다양한 직함으로 활약했습니다. 실무에도 그의 윤리학, 정치사상이 좋은 영향을 미쳤을 것입니다.

그 외에도 정치가이자 대법관이었던 F. 베이컨, 백작의 주치의였던 J. 로크, 자문관과 도서관 사서로 일하며 공공사업을 추진한 G. W. 라이프니츠, 동인도 회사의 사무관이자 정치가였던 J. S. 밀을 예로 들 수 있습니다.

이처럼 역사적 철학자는 철학만 연구했다는 생각은 큰 오해입니다. 위대한 철학자 대부분이 사회에서 실제로 실무에 종사했습니다.

독일(프로이센)의 철학자 칸트도 젊었을 때는 가정교사로 생계를 유지했습니다. 한편 최근인 2018년에는 미국의 전설적인 투자가 B. 밀러가 존스 홉킨스 대학 철학과에 7,500달러를 기부한 일이 화제가 되었습니다. 그 이유를 묻자 밀러는 철학 전공 대학원생으로서 배양한 '분석적 훈련'과 '마음의 습관' 덕분에 비즈니스에 성공했기 때문이라고 말했습니다.[14]

또한 'BOE(Bank of England)를 굴복시킨 투자가'로 불리는 G. 소로스는 과학철학의 대가 K. 포퍼에게서 배운 철학을 기반으로 '재귀성 이론'을 구축하여 큰 부자가 되었습니다. 소로스가 설립하여 자선 사업에 활용한 '오픈 소사이어티 재단'의 배경에도 '열린사회'를 실현하겠다는 포퍼의 사상이 깔려 있었습니다. 심지어 소로스는 자신이 가장 영향을 받은 철학서로 화이트헤드의 문명론을 다룬 《관념의 모험(The Adventure of Ideas)》을 들기도 했습니다.[15]

철학의 최첨단 동향을 보아도 임상철학과 개념 공학, 철학 프랙티스 등 실천적 철학이 급격히 발전하고 있습니다. 비즈니스와 철학의 융합을 호의적으로 받아들이는 철학자도 많아졌으므로 두 분야가 양립할 수 없다는 말은 이제 옛말이 된 듯합니다.

철학을 비즈니스 현장에 활용하는 목적과 용도, 최적의 상황

❶ 디자인 사고를 보강하는 철학씽킹

철학씽킹을 대기업이 도입하거나 매체가 다루어 큰 반향을 일으킨 것은 '철학씽킹'이 '디자인 사고'와 대조적인 평가를 받았기 때문입니다.

디자인 사고에는 몇 가지 유파가 있지만, 그중 IDEO미국의 디자인 컨설팅회사와 스탠퍼드 대학이 확립한 디자인 사고가 유명한데 그 두 사고법의 구조는 [도표3]과 같습니다.

1단계에서는 상품과 서비스를 이용하는 사용자에게 다가서기 위해 '관찰'하고 '공감'합니다. 2단계에서는 1단계에서 얻은 통찰이나 착안점PoV=Point of View을 바탕으로 '문제를 정의'합니다. 이어 그 문제를 해결할 '아이디어를 도출'한 다음 상품이나 서비스의 '프로토타입시제품' 테스트를 신속하고 저렴하게 진행합니다. 그리고 마지막으로 '평가'합니다. 이 일련의 과정을 통해 바람직한 상품과 서비스를 개발하는 것이 디자인 사고입니다.

제가 창업한 2017년에는 이미 수많은 기업이 이런 디자인 사고를 도입하여 활용하고 있었습니다. 그러나 오해도 많았습니다.

디자인 사고는 디자이너가 암묵적으로 활용하는 사고 과정을 디자이너가 아닌 사람, 특히 기업인이 활용할 수 있도록 최대한 체계화한 것입니다. 그래서 디자인 사고를 도입한 기업들은 그 단계를 그대로 밟으면 '혁신'을 일으킬 수 있다고 생각했습니다. 디자인 사고를 습득하면 디자이너가 참신한 관점이나 발상으로 문제를 해결하듯 자신들도 혁신을 일으킬 수 있다고 기대한 것입니다. 그래서 많은 기업이 디자인 사고를 습득한 '디자인 사고자'를 고용했습니다.

그러나 사실 디자인 사고는 일찍부터 실패를 겪어서 그 실패를

[도표3] 디자인 사고와 철학씽킹

디자인 사고의 초보자가 빠지기 쉬운 함정

× 사용자의 반응에 귀를 기울이지만 표면적인 정보밖에 파악하지 못한다.
× 순서대로 단계를 거치지만 양질의 통찰이나 착안점을 도출하지 못한다.
× 문제를 정의하고 아이디어를 내지만 무엇을 선택해야 할지 모른다.

디자인 사고에 철학씽킹을 보강하면

◎ 본질적인 질문을 도출하고 진정한 목적을 파악할 수 있다.
◎ 고정 관념을 의심하여 사고의 틀을 확장할 수 있다.
◎ 근본이 되는 이념이나 가치 판단 기준을 확립할 수 있다.

바탕으로 문제를 해결하고 공정을 개선하기 위한 방법론입니다. 디자인 사고는 이처럼 비즈니스에 유익한 사고법이지만 일본 기업에 도입되면서 왜곡되고 유명무실해져 다양한 문제를 일으켰습니다.

사용자와 사용자 주변 환경을 '관찰, 공감'하는 1단계에서는 사용자의 생각을 조사하고 파악하려는 자세가 중요한데 단순히 사용자의 반응에만 귀를 기울이면 표면적인 성과밖에 얻을 수 없기 때문입니다. 게다가 아직 보지 못한 미래의 과제와 혁신의 씨앗을 사용자가 늘 품고 있는 것도 아닙니다.

그러므로 단계를 형식적으로 따르기만 해서는 기존 사고의 한계를 뛰어넘은 뛰어난 통찰이나 착안점이 나오지 않습니다. 2단계에서도 평범한 문제 정의밖에 얻지 못하고, 3단계에서도 기존의 사고 틀을 벗어난 혁신적인 아이디어를 도출할 수 없습니다.

설사 1단계 '관찰, 공감'에서 다양한 통찰과 착안점을 얻었다고 해도 그 결과가 여러 의미로 해석된다면 2단계 '문제정의'에서 문제를 어떻게 정의해야 할지 헷갈릴 것입니다. 3단계인 '아이디어 도출'도 마찬가지입니다. 정의된 문제를 해결할 다양한 대책을 열거했다고 해도 그중에서 무엇을 골라야 할지 알 수 없게 됩니다.

바로 여기서 철학씽킹이 등장합니다. 실천 방법이나 사례는 나중에 설명하기로 하고 지금은 우선 철학씽킹의 용도를 소개하겠습니다. 철학씽킹을 앞의 [도표3]과 같이 디자인 사고에 추가하면 앞서 언급한 문제점을 해결할 수 있습니다. '우리는 왜 이 프로젝트를 추진하는가?', '이 프로젝트를 통해 무엇을 실현하고 싶은가?',

이런 문제점을 해결하려면 본질적 질문을 던져 사용자가 무엇을 요구하는지 깊이 이해해야 합니다. 또한 '우리 회사는 문제를 어디에서 찾아 무엇을 실현하려 하는가?'를 명확히 해야 합니다. 사용자를 관찰하고 그 감정에 공감하는 것도 중요하지만 문제를 어떻게 정의하고 어떤 아이디어를 채용할지는 기업의 가치 기준에 달려 있습니다.

요즘은 이처럼 사용자의 요구보다 기업의 생각이나 비전이 점점 중요해지고 있습니다. 만약 그런 기준이 없다면 우연히 선택된 문제정의나 아이디어가 프로젝트 전체 또는 회사 전체의 방침과 충돌할 수 있습니다. 우연히 선택된 결론이 근시안적으로는 특정한 문제를 해결하는 듯 보여도 중장기적으로는 이익보다 더 큰 손실을 초래할지 모릅니다. 철학씽킹은 이런 문제를 해결하는 사고법입니다.

'콘셉트나 키워드의 의미를 모든 팀원들이 똑같이 공유할 수 있는가?', '팀원들이 본심을 터놓고 대화하며 결속력 높은 팀빌딩을 실현할 수 있는가?' 등 철학적 질문으로 사고의 틀을 확장하여 근본적 이념, 가치 판단의 기준을 수립할 수 있기 때문입니다. 이 판단 기준은 아이디어 또는 문제정의를 선택할 때 또는 프로젝트 성과를 검증할 때도 기준이 됩니다.

이런 식으로 철학적인 수준까지 파고들어 질문하며 지향할 이념과 서로의 본심을 공유하면 프로젝트팀의 팀워크가 단단하게 뿌리내려 진정한 의미에서 창조적인 토양이 완성될 것입니다.

2 '왜'로 파고들며 토대를 확립한다

디자인 사고 1단계인 '관찰, 공감' 앞에 철학씽킹을 삽입하면 팀으로 해야 할 일을 명확하게 판단할 수 있다고 말했는데, 조직의 비전을 구축·공유하고 상품을 개발하고 서비스를 설계하고 광고를 제작할 때도 '왜 이 일을 하는가?', '이 일은 우리에게 어떤 의미가 있는가?'를 물을 필요가 있습니다. 그럴 때 이유와 의미를 끈질기게 묻고 생각하기에 철학씽킹이 유용합니다.

이유를 끈질기게 물어야 하는 것은 하나의 단어로 비전과 콘셉트를 표현하더라도 각자 이해한 내용이 다를 수 있기 때문입니다. 그래서 프로젝트가 어느 정도 진행된 후에야 각자 생각이 달랐음을 깨닫게 되는 일도 드물지 않습니다.

그래서 '왜Why라고 다섯 번 물어라'라는 비즈니스 격언이 있는 것입니다.

그러나 '왜'라고 묻기는 쉽지 않습니다. '왜'라는 말은 근거와 이유를 요구할 때○○이니까 △△이다, 원인을 찾을 때A가 일어나서 B가 일어났다 뿐만 아니라 목적을 물을 때○○를 위해 △△한다도 쓰입니다. 그래서 다양한 패턴으로 대답할 수 있으므로 목적에 따라 구분해서 써야 합니다.

한편 '왜'에 대한 답이 처음부터 없을 수도 있습니다. 누군가가 '왜 ○○했는가?'라고 물었을 때 아무리 생각해 봐도 명확한 답이 떠오르지 않았던 경험이 누구나 있을 것입니다. 이유는 있지만 본인이 그 이유를 자각하거나 언어화하지 못해서 답을 못 찾는 것일 수도 있고본인의 자각과는 관계없이, 원래 이유가 없어서일 수도 있습니다. 아니면 본능적 행동이어서 합리적으로 이유를 설명할 수 없기 때문일 수도 있습니다. 이럴 때는 '왜'라는 질문 자체가 부적절하니 질문을 바꾸는 게 좋습니다.

철학씽킹을 활용해 콘셉트를 구축하면서 홍보 문구에 관한 아이디어도 개발할 수 있습니다. '인간이 옷을 입는다는 것은 어떤 뜻인가?'라는 질문에 대한 답을 생각하기 위해 '옷을 입지 않는다는 것은 어떤 뜻인가?'라고 질문을 변형해 보는 식입니다. 개인의 관점과 사회적 관점으로 생각해 보고 추상적 개념도 고찰하면 콘셉트와 일치하는 새로운 발상이 떠오를 것입니다.

이때 중요한 것은 '우리가 하고 싶은 것은 무엇인가?'라는 기준을 확립하여 토대를 마련하는 것입니다. 홍보 문구에 관한 아이디어가 아무리 많아도 결국 최종안을 고를 때는 명확한 판단 기준이 필요합니다. 시장이 무엇을 원하는지 생각하는 것도 중요하지만 '우리는 무엇을 도출하고 싶은가?', '어떤 미래를 그리는가?'를 언어

적용사례 **비전과 콘셉트의 구축, 아이디어 개발**

제가 참여했던 패션광고 제작 프로젝트를 예로 들 수 있습니다. 저는 그 기획의 키워드였던 'Human Nature'에 관해 총감독, 영상작가, 그래픽 디자이너, 제작사 직원 등 다양한 분야의 전문가들이 원활하게 대화하며 콘셉트를 심화하고 언어화할 수 있도록 돕는 일을 맡았습니다. 어떤 기업의 경영자는 '이 IT 도구를 도입하면 종업원의 업무를 지금보다 효율적으로 관리할 수 있겠지만 감시받는 기분이 들어 종업원의 행동이 위축되지 않을까요?'라는 질문을 받고 곰곰이 생각한 끝에 '개인의 내적 동기로 관여도를 올릴 만한 도구로 교체 해야겠다'라는 결론을 내리기도 했습니다.

윤리적 딜레마에 봉착할 때 '우리는 무엇을 최선으로 보는가?'를 물어야 합니다. 그럴 때 철학 컨설턴트는 '무엇을 해야 하는가?'를 곰곰이 고찰할 수 있도록 곁에서 돕습니다. 전문가로서 윤리 컨설팅을 일방적으로 진행하거나 '선'과 '미' 등 가치를 추구하라고 설교하는 것이 아닙니다. 오히려 비즈니스 성과와 윤리를 양립하려면 어떻게 해야 할지 함께 고민하거나 매출 이익에 치우치기 쉬운 경영인의 시야를 넓혀주어 가치 추구형 사고가 가능한 인재개발, 조직개발을 돕기도 합니다.

화하는 것도 그만큼 중요합니다.

　이때 '우리는 무엇을 하고 싶은가?', '무엇을 해야 하는가?'라는 질문과 '무엇을 하기 싫은가?', '무엇을 하지 말아야 하는가?'라는 부정적 질문이 표리일체라는 사실도 잊지 맙시다. 후자를 명확히 정하면 아이디어가 많아서 선택이 어려울 때 선택하지 말아야 할 것부터 제거할 수 있습니다. 즉 'To-Do'뿐만 아니라 'Not-To-Do'를 정해서 흔들리지 않는 토대를 마련해야 합니다.

　프로젝트팀 구성원이 허심탄회하게 대화하며 흔들리지 않는 토대를 만드는 일은 창조적 팀빌딩으로도 이어집니다. 프로젝트팀이든 어떤 조직이든 서로의 기분을 헤아리느라 눈치 보는 곳에서는 참신한 발상이 나오기 어렵습니다. 본심을 숨기려는 마음이 사고에 제동을 걸고 생각의 틀을 좁히기 때문입니다. 속을 터놓고 대화해야 구성원 모두가 창조적으로 협동하는 토양이 만들어집니다.

　철학씽킹의 방식은 **1**에서 소개한 디자인 사고의 0단계나 2단계_{문제정의}, 3단계_{아이디어 도출}에 특히 효과적입니다. 나아가 디자인 사고뿐만 아니라 다양한 비즈니스 기법을 보강하는 용도로 활용할 수 있습니다.

3 본질을 더 깊이 들여다보는 철학

　기업의 생각과 기준이 중요하다고 앞서 말했지만 사용자와 시장의 생각도 당연히 중요합니다. 따라서 복잡한 현실 세계와 인간의 본성을 더 깊숙이 들여다보고 이해하는 철학적 사고가 더욱 필요합니다. 기업들은 다양한 기법의 마케팅 조사나 가치관 조사로 시장의 필요를 파악하려고 애써 왔습니다. 그러나 이제 이런 방법만으로는 사람들이 무엇을 요구하는지, 왜 A는 잘 팔리고 B는 안 팔리는지, 그 근본적인 이유를 알 수 없게 되었습니다.

우리 회사도 비슷한 과제를 안고 있습니다. 고객사에 독자적인 데이터를 보여주고 조사결과를 전달하지만 원인을 분석하기가 어려운 것입니다. 사용자가 진짜로 바라는 것을 말해 주었다는 확신이 없기 때문입니다. 사실은 조사받는 당사자도 자신이 무엇을 원하는지 모를 수 있습니다. 실제로 어떤 워크숍에서 참가자들이 비슷한 이야기를 했습니다. '돈가스덮밥을 먹으러 식당에 갔는데 막상 계산대 앞에서는 소고기덮밥을 주문했다'라는 것입니다.

이처럼 일상에서도 다양한 의문이 잠재해 있습니다. '나는 왜 돈가스덮밥을 주문하려 했을까?', '그런데 왜 소고기덮밥으로 변경했을까?', '정말 소고기덮밥이 더 먹고 싶어서 주문했을까?', '섭취 열량을 줄이고 싶다거나 다른 이유로 마음이 위축되어 소고기덮밥을 주문한 건 아닐까?' 이런 일상적인 질문에도 철학이 스며있습니다.

'우리는 왜 A와 B라는 선택지가 있을 때 둘 중 하나를 고르게 될까?', 'A가 바람직한 것을 알면서도 참지 못하고 B로 행동하는 것은 왜일까?'

이것은 욕구와 자유 의지, 아크라시아Akrasia에 관한 철학적 문제입니다. 이럴 때는 과거 철학자들의 사상을 참고하여 현실의 본질 철학 연구자라면 '역사적인 철학자들도 이런 문제에 명확히 답하지 못했는데 과연 철학을 비즈니스에 활용할 수 있을까?'라고 생각할지 모릅니다. 그러나 비즈니스 과제를 해결하는데 그렇게까지 엄밀한 논증은 필요하지 않습니다. 예를 들어 가치관 조사, 세대 조사, 마케팅 조사에서는 조사 대상들의 숨은 생각을 도출하고 그에 관한 해석을 제시하는 것만으로도 큰 성과입니다. 철학은 비즈니스 현장의 담당자가 잘 이해하지 못하는 데이터를 해석하도록 돕는 일에 공헌할 수 있습니다.

대중적인 위장약에 관한 마케팅 조사를 진행한 적이 있습니다. 판매자는 사용자가 자신의 증상을 개선해줄 상품을 고를 것이라고 믿고 과학적 원리에 기반한 약효를 호소했습니다. 사용자가 과학적 증거를 참고하여 상품을 선택할 것이라고 전제한 것입니다. 그러나 철학씽킹 워크숍을 실시한 후에 생각이 달라졌습니다. '복통이란 무엇을 의미할까?', '마음이 몸에 영향을 미치는 것은 왜일까?', '배가 아플 때 제일 신경 쓰이는 것은 신체 증상일까? 아니면 사회적 체면이나 상황일까?' 등의 질문을 생각하는 과정에서 과학적인 증거가 상품을 선택하는 이유 중 일부에 불과하다는 것을 깨달았기 때문입니다. 심지어 '치통에도 효과가 있다'라는 정보를 접하고 '살균 작용이 있어서 복통에 효과적일 것 같다'라고 생각하는 등 복통과는 전혀 무관한 비합리적인 이유로 상품을 선택하는 사용자도 있다는 사실이 밝혀졌습니다. 사용자 역시 대화를 시작하기 전에는 '과연 복통이란 무엇일까?'라는 의문을 자각하지 못했지만 철학씽킹으로 이 지점을 파고든 덕분에 새로운 통찰을 얻을 수 있었습니다.

을 더 면밀히 살펴보고 새로운 착안점을 얻을 수 있습니다.

철학은 이성적인 학문이지만 '왜 그런 말을 하게 되었을까?'라며 발언의 배경까지 파고드는 덕분에 근본적이고 비합리적인 동기까지 통찰합니다. 모든 인간이 편안한대로 생각한다는 주장은 인지편견인 데다 유사과학에 가깝지만 사람이 때때로 비합리적인 판단을 내리는 것도 사실입니다. 그래서 과학적 증거나 데이터가 중시되는 요즘에도 보이지 않는 것에 인문적으로 접근하는 태도가 필요합니다.

당시 조사결과를 분석하고 해석했던 우리 직원은 독일 철학자 J. 하버마스_{Jurgen Habermas}가 주장한 '의사소통적 합리성'을 참조하여 컨설팅을 진행했다고 합니다.

복통으로 위장약을 찾는 모든 사람이 과학적 합리성에 근거하여 약을 선택한다고 말할 수는 없습니다. 오히려 '친척 아저씨가 잘 듣는다고 말했다', '학교 보건실마다 있을 약이다', '꼭 낫게 해주는 부적 같다' 등등, 의사소통으로 공유된 상호 이해나 사회적 이미지에 따라 상품을 선택하는 사람이 많았습니다.

'의사소통적 합리성'은 이런 대화 결과를 상세히 분석하거나 해석할 때 큰 도움이 됩니다. 철학적 사고나 철학 전문 지식을 활용하면 비즈니스의 문제를 면밀히 분석하여 더 적절한 과제를 설정할 뿐만 아니라 도출된 데이터를 더 정확하게 해석하고 이해할 수 있습니다.

4 가치 추구와 세계관 확장

저는 이런 과정을 거쳐 철학씽킹과 철학 전문 컨설팅이 비즈니스 과제 해결에 효과적이라는 사실을 확인했습니다. 그리고 실적을 쌓다보니 창업 때 꿈꾸었던 사업도 시작할 수 있었습니다. '선'이나 '미' 같은 가치를 추구하고 세계관을 확장하는 일에 철학을 활용하는 사업 말입니다.

그런데 '환경을 더 배려하는 상품을 개발하고 싶다', '고객이 만족하는 서비스를 제공하고 싶다', '직원들이 기분 좋게 일할 수 있는 직장을 만들고 싶다'라는 마음은 있지만 실제로 사업을 전개하다 보면 매출 이익이나 효율성과의 균형을 고려하느라 그 생각을 실현하지 못하거나 부분적으로 타협하는 사람이 많습니다.

우리가 진행한 마케팅 조사에서도 '먹지 말아야 한다는 것을 알기에 고열량 식품을 살 때마다 죄책감을 느낀다'라거나 '내 마음의 문제이기도 해서 위장약에 의존하지 않으려고 노력한다'라고 말하는 사용자들이 있었습니다. 판매자로서는 매력적인 상품을 개발하고 광고를 통해 구매 욕구를 자극해야 이익을 실현할 수 있습니다. 그러나 사용자의 생각에 다가서려면 이런 발언을 무시하지 말아야 합니다. 그렇다고 고객의 마음을 배려하여 사업을 축소하고 기업의 매출 이익을 떨어뜨리면 직원과 주주 등 이해관계자가 불이익을 당할 것입니다. 고객의 죄책감을 줄이면서 매출 이익도 늘리는 방법을 찾는 것이 최선입니다.

그러려면 기업 또는 프로젝트팀이 무엇을 지향하는지 끈질기게 생각해야 합니다. **1**과 **2**를 통해 비전·콘셉트의 토대를 확립하면서 '무엇을 지향하는가?'라는 가치 기준도 확립하는 것이 좋습니다.

우리 회사도 철학 컨설팅으로 깊은 통찰을 도출하는 등 비즈니스 성과를 내면서 고객사에 앞서 말한 윤리적 딜레마를 제기할 때가 있습니다. 이럴 때 철학씽킹이 필요합니다. 근거와 이유, 인과, 목적, 의미, 조건 등 다양한 관점에서 질문하며 본질을 파고들어야 하기 때문입니다.

프롤로그에서 언급했듯 유니레버나 존슨앤드존슨, 로레알 등 화장품 대기업이 '미백'
이라는 표현을 쓰지 않겠다고 발표했습니다. 그 표현 자체에 인종 차별적 편견이 들어
있기 때문입니다. 면도기 제조사 쉬크는 '쓸데없는 체모'라는 표현을 폐지한다고 선언
했습니다. 기사에 따르면 쉬크 측은 '체모에 관한 생각이 다양해지고 있으므로 특정 부
위의 체모를 일방적으로 쓸데없다고 규정하기보다 개인이 자유로운 스타일을 실현할
수 있도록 돕는 기업이 되겠다'라고 그 이유를 설명했습니다.[16]

얼마 전까지도 '여성은 체모를 관리하는 것이 당연하다', '남성이 체모를 공들여 제모하
는 것은 이상하다'라는 통념이 있었지만 지금은 그 통념과 현실의 격차에서 위화감을
느끼거나 괴로워하는 사람이 적지 않습니다. 사회 통념이 변하다 보니 쉬크도 '쓸데없
는 체모'라는 표현을 아예 없앤다고 선언한 것입니다.

우리 회사에서도 화장품에 관한 사회 과제의 해결을 지향하는 'COLOR Again'이라는
프로젝트를 지원하고 있습니다. 화장품 대부분이 다 쓰이지 못한 채 대량으로 폐기되
는 사태, 생산 과정에서 저개발국 아동의 노동이 착취당하는 사태가 사회 문제로 떠오
르고 있습니다. 화장품 사용에 관한 사회 통념도 점검해 볼 필요가 있습니다. 많은 중
학교와 고등학교가 여학생의 화장을 금지하는 한편 성인 이상의 여성에게는 화장을
기본예절로 강요하고 남성의 화장은 색안경을 끼고 봅니다. 그런데 과연 이런 생각이
옳을까요? 이 사고방식에는 대량 폐기물 양산, 인종차별, 성차별 등 다양한 사회 과제
가 잠재해 있습니다.

　다만 앞서 말했듯 본능적 행동이라서 합리적 이유가 없거나 할
때는 '왜'라고 묻기보다 '어떤 때, 어떤 조건에서 그렇게 될까요?'라
는 식으로 질문을 살짝 틀어 본질을 파고드는 것이 효과적입니다.

　이 근거와 이유, 인과 등은 철학 중에서도 '형이상학'이라는 분
야와 잘 들어맞습니다. 현실에서 동떨어진 학문의 대명사로 불리
는 이 '형이상학'도 질문을 제대로 던지는데 도움이 됩니다.

　지금까지 사람들이 당연하게 여기는 사회 통념에 의문을 제기
하고 새로운 가치 기준을 제시한 사례들을 살펴보았습니다. 편견

에 덮여 있어 모르고 지나치기 쉽지만 우리 사회에는 이처럼 '옳지 않은' 사회 통념이 많이 잠재해 있습니다.

이처럼 철학적 사고는 기존의 사회 과제에서부터 아직 깨닫지 못한 잠재적 과제에 이르기까지 다양한 영역에서 진정한 가치를 추구하고 새로운 세계관을 구축하는 일에 공헌합니다.

요즘 자주 접하는 ESG나 SDGs가 좋은 예입니다. 친환경 또는 윤리경영을 가장한 '친환경 세탁Green Washing'이나 '윤리 세탁Ethics Washing'은 논외로 하더라도 단순히 ESG나 SDGs의 일부 항목에 사업을 꿰맞추기만 하면 된다고 생각하는 사람이 많으므로 바로 여기에 철학 컨설팅의 역할이 있습니다.

철학 컨설턴트는 자사 사업을 SDGs의 일부 항목에 갖다 붙여 놓고 사고를 멈춰버린 경영자나 경영 간부 후보자에게 "과연 귀사 가 생각하는 지속가능성이란 무엇입니까?", "이 사업으로 오히려 지속 불가능해진 측면은 없습니까?", "귀사가 창업 이후 100년 이 상 존속한 이유는 무엇이라고 생각하십니까?", "향후 100년을 고 려한다면 미래에 어떤 책임을 져야 할까요?"라고 캐물으며 본질 을 파고듭니다. 그 과정에서 타사와 차별화된 독자적 통찰이나 관 점을 찾을 수 있습니다. 어쩌면 자신들이 '선'으로 여기고 진심으로 추구했던 가치가 사회 일반의 '선'에 위배된다는 사실을 깨달을 수 도 있습니다.

앞서 소개한 사례 중 '미백'과 '쓸데없는 체모' 표현의 폐지에 공 감하지 못하는 사람이 아직 있을지도 모릅니다. 그러나 이것은 새

44

로운 룰 메이킹의 첫걸음이 될 것입니다. 그 덕분에 기존의 가치 관이나 제조업 중심 사고방식으로는 꿈도 꾸지 못했던 상품·서비 스·광고의 혁신이 일어날 수도 있습니다. 이번 장 앞부분에서 말 했듯이 제품이나 서비스가 아닌 '규칙과 틀의 쇄신'이 혁신을 일으 킬 가능성이 훨씬 큽니다.

세계관을 확장하고 새로운 가치관과 규범을 제시하는 일은 선 악을 넘어 전진하는 창조적 과정입니다. 창조성은 선악이라는 상 대적 가치를 초월할 수 있습니다.

그러므로 '나우리는 무엇을 최선으로 여기는가?', '무엇을 해야 하 는가?'라고 묻는 일은 "○○라는 생각은 독선일지도 모른다", "△△ 여도 괜찮지 않을까?"라는 'May_{might}'의 세계에 문을 열어두는 행위 이자 '이것이 옳다', '그렇게 해야 한다'라는 가치 규범에 정면으로 도전하는 행위이기도 합니다.

한편으로는 대다수의 가치관에 반대되더라도 자사가 확고하게 선하다고 여기는 가치를 일관성 있게 제시하여 차세대의 가치 기 준을 창조할 수도 있습니다. 국제 사회에서도 기존의 선악 기준을 초월하여 새로운 규범과 가치 기준을 만들어 나가는 태도를 점점 더 강하게 요구하고 있습니다.

개인적으로 미국은 자유를, 유럽은 인권과 책임을 가장 중시하 는 듯한데 일본 기업은 무엇을 우선해야 할까요? 스스로 더 큰 혁 신을 일으키기 위해 새로운 과제를 발견·설정하고 독자에게 새로 운 가치관, 세계관을 제시하기를 바랍니다.

철학 활용의 성과와 다양한 확대

비즈니스에 철학사고를 활용한 사례를 지금까지 소개했습니다. 이 모든 인재·조직 개발, 상품·서비스·광고 콘셉트 구축 및 아이디어 개발, 세대별 의식 조사, 마케팅 조사는 [도표4]와 같은 과정을 거쳤습니다. 다만 그 후의 과정은 프로젝트 목적이나 과제에 따라 달라집니다. 콘셉트를 구축한 후에는 대화 내용을 기반으로 콘셉트 문구를 구상하거나 제작팀과 제휴하여 그 문구를 형상화할 수 있습니다. 마케팅 조사라면 대화 내용을 분석하여 보고서를 작성·공유하는 동시에 철학 전문 지식을 활용하여 컨설팅을 진행하거나 사고 실험을 통해 가설을 검증할 수 있습니다. 도출된 결론에 대해 '○○일 수도 있지 않을까?', '해야 할 일은 무엇일까?', '하지 말아야 할 일은 무엇일까?' 등의 윤리적 의문을 제기하여 답을 함께 생각할 수도 있습니다.

이번 장 앞부분에서 말한 대로 저는 "현재의 철학에 현실 세계를 변혁할 힘이 얼마나 있을까?"라는 질문을 던지며 창업했고 지금까지 다양한 철학의 실천적 효과를 입증해 왔습니다.

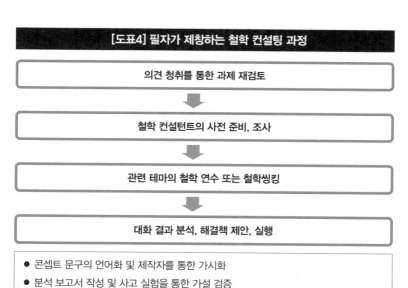

[도표4] 필자가 제창하는 철학 컨설팅 과정

의견 청취를 통한 과제 재검토

철학 컨설턴트의 사전 준비, 조사

관련 테마의 철학 연수 또는 철학씽킹

대화 결과 분석, 해결책 제안, 실행

- 콘셉트 문구의 언어화 및 제작자를 통한 가시화
- 분석 보고서 작성 및 사고 실험을 통한 가설 검증
- 조직, 팀의 대화 문화 양성 및 조직화 등

그리고 요즘은 비즈니스 실무 및 과제를 직접 다루면서 '미래에 대한 책임'이나 '연구 개발자의 사명', '웰빙' 등의 테마로 기업인 연수를 진행하기도 하고 대기업에서 철학 고문으로 일하기도 합니다.

B to C 분야에서도 2021년 10월에 일반인을 위한 '실천형 철학 스쿨'을 개강한 후 지금까지 총 200명의 졸업생을 배출했습니다. 철학과 비즈니스 사이의 장벽이 무너진 지금, 저의 학술 활동과 기업 활동 사이의 경계선도 사라졌습니다.

이제는 '비즈니스에 철학이 필요하다'는 말의 진의

이번 장에서 소개한 철학의 적용사례들 사이에 별다른 공통점이 없어 보일지도 모르겠습니다. 그러나 과제와 비전을 파고들거나 가치를 추구하거나 세계관을 확장하는 모든 일의 바탕에는 인간과 세계에 대한 깊은 이해가 있습니다. 프로젝트를 통해 무엇을 실현하고 싶은지?, 답이 정해져 있지 않은 사회적 과제에 어떻게 대처하려 하는지?, 자사의 존재 의의_{목적의식}는 무엇인지? 제시하려면 전략 이전에 '철학하는' 행위가 필요합니다.

앞서 언급한 철학 구분법에 따르면 이 행위는 ❶의 철학에 가깝다고 할 수 있습니다. '기업 철학' 또는 '경영자 철학'의 '철학'은 인생 교훈, 격언, 신조처럼 흔들리지 않는 기준으로 기능하기 때문입니다. 다만 남의 격언이나 신조를 그대로 받아들이지 않고 ❷의 철학으로 '왜일까?', '어떤 의미일까?'라고 질문하며 답을 계속 수정하는 것이 중요합니다. 그래서 철학자 화이트헤드는 "우리는 믿기 때문에 철학한다Philosophize"라고 말하는 한편 "철학이란 신념에 대한 비판이다"라고 말하기도 했습니다.[17]

❶의 철학도 곱씹다 보면 저절로 고개가 끄덕여지는 발상을 낳을 수 있습니다. '왜'를 깊이 고찰하다 보면 합리성을 갖춘 과제를 발견하기도 하고 더는 '왜'라고 물을 수 없는 발상에 도달하기도 하는 것입니다. 그런데 이처럼 '왜'라고 합리성을 묻는 이유는 무엇일까요? 역설적이지만 합리성을 초월한 비합리적 발상, 기존의 사고 틀을 벗어난 이타적인 발상을 만나기 위해서라고 생각합니다. 우리는 다른 사람과의 대화에서 혹은 '하나의 나'에 잠재된 '많은 나'를 찾는 과정에서 이런 발상을 만날 수 있습니다.

다음 장 이후에 본격적으로 이야기하겠지만 사회든 사회 구성원이든 '우리 사업의 본질은 무엇일까?', '우리 회사가 사회에 존재하는 의의는 무엇일까?'라고 물으며 의미와 가치를 추구해야 하는 이런 시대에는 정답이 없는 질문에 정면으로 맞서는 태도, 의미와 가치를 철학적으로 추구하는 태도가 경쟁력과 공창력을 키웁니다.

이제는 모든 사업에서 본질을 확인하는 능력을 발휘하여 정답이 없는 문제에 비전을 제시하고 의사를 결정해야 합니다. 심오한 질문을 던져 깊이 사고하며 본질을 파고드는 철학 사상이 점점 필수가 되어 가고 있습니다.

哲學
思考

PHILOSOPH

PART 2

본질을 묻고 세계관을
확장하는 철학씽킹

Y THINKING

철학하는 일과 생각하는 일

1장에서는 철학사고의 목적과 용도를 소개했습니다. 그런데 철학사고를 몸에 배게 하려면 무엇이 필요한지 궁금한 독자가 있을 것입니다. 분명 철학하는 방법은 하나로 정해져 있지 않습니다. 그러나 전공이 무엇이든 철학 연구자들에게 공통된 특유의 사고방식은 있는 듯합니다. 그리고 적어도 저에게는 철학을 연구하거나 논문을 집필할 때 주로 따르는 절차가 있습니다.

일반인도 디자이너의 암묵지를 흉내 낼 수 있도록 고안된 기법이 '디자인 사고'이듯 철학자의 기초적인 사고법을 일반인도 흉내 낼 수 있도록 고안된 사고법이 '철학씽킹'입니다. 개인 활동에서든 그룹형 워크숍에서든 누구나 이 사고법을 실천할 수 있습니다. 이 철학씽킹을 쉽게 실천하는 방법을 이번 장에서 살펴보겠습니다.

지금까지 많은 기업인이 '철학씽커 양성강좌'를 수강했으며 많은 대기업이 철학씽킹을 도입했습니다. 요즘 저는 기업의 강좌 의뢰를 개별적으로 받아 철학적 사고력 단련을 위한 수백 명 규모의 온라인 연수와 사내의 '인하우스 철학씽커'를 육성하는 연수를 진행하고 있습니다. 이처럼 사내에서 철학씽커를 키우면 조직과 직원이 스스로 철학적으로 사고하는 문화를 구축할 수 있습니다.

실제로 기업에서 철학씽킹 연수를 진행하면 "평소와는 다른 뇌 부위를 쓰는 기분이 든다"라거나 "머리가 상당히 피곤해져서 평소에 내가 얼마나 생각을 안 하고 살았는지 깨달았다"라는 후기를 자주 접하게 됩니다.

업무에서나 일상에서 혹은 학교에서 '잘 생각해라'라는 말은 많이 들었지만 어떻게 생각하면 되는지 배운 적은 거의 없을 것입니다. 일본의 학교에서는 대개 답이 정해진 문제를 내고 그 정답을 맞히는 법을 가르치므로 사람들 대부분이 정답이 없는 질문을 놓고 자발적으로 토론하는 일에 익숙하지 않습니다. 비즈니스 현장에서도 문제 해결을 위한 프레임 워크를 가르칠 뿐 주체적으로 사고하는 훈련은 거의 이루어지지 않습니다.

한편 '철학하는 일'은 '생각하는 일' 그 자체입니다. 칸트도 "사람은 철학을 배울 수 없다. (중략) 다만 철학하는 일을 배울 수 있을 뿐이다"라고 말했습니다. '철학'을 단순한 지식으로 배우기보다 '철학하는 일'을 배워야 더 깊이 자발적으로 생각할 수 있습니다.

··· 철학적 대화를 활용해 온 일본 비즈니스의 전통

일본 기업은 예전부터 '왜?', '어떤 의미일까?'라고 깊이 사고하는 기법을 활용해 왔습니다.

집단적인 논의를 거듭하여 사물의 본질에 깊이 다가서는 혼다의 '와이가야'가 좋은 예입니다. 혼다의 창업자인 혼다 소이치로本田宗一郎는 "철학 없는 행동기술은 흉기이며 행동기술 없는 이념은 무가치하다"라는 유명한 말을 남겼습니다.

'내용 없는 사유는 공허하며 개념 없는 직관은 맹목이다'라는 칸트의 말을 살짝 비튼 듯한데 혼다에서는 창업자의 이념을 계승하여 어떤 일에서든 '혼다 철학'을 바탕에 깔게 되어 있다고 합니다. 에어백 기술 프로젝트팀 팀장이었던 고바야시 사부로小林三郎 씨도 '왜 에어백을 설치할까?', '어떤 생각과 목표로 에어백을 개발할까?'라는 본질적인 질문에 대해 철저히 사고하는 과정을 거쳐야 했다고 증언합니다.[18]

혼다에는 학력과 직위를 초월한 자유로움, 타사와의 비교를 배제한 절대가치의 추구, 모든 임직원이 스스로 생각하게 만드는 자율적인 분위기 등의 기업 문화가 있습니다.

그중에서도 '와이가야ワイガヤ'는 몇 명에서부터 십여 명까지의 규모로 3일 동안 합숙하며 '혼다는 무엇을 위해 존재하는가?', '자동차 회사는 사회에 어떻게 공헌할 수 있는가?' 등 실제적 질문에서부터 '사랑이란 무엇인가?' 등 일반적 질문까지 아우르는 철학적 질문을 서로 던지며 토론하는 행사입니다. '비용과 품질의 균형점은 어디쯤 있는가?'와 같은 문제도 일반 회의에서 검토하지 않고 '와이가야'로 가져와 토론합니다. 본질적인 가치를 고찰하며 둘을 양립시키는 새로운 가치와 콘셉트를 만들어 내기 위해서입니다.[19]

또 화장품 대기업 가오花王의 사와다 미치타카澤田道隆 회장도 2021년부터 ESG 추진을 위해 '행복이란 무엇인가?' 등에 대해 토론하는 'Sawada Salon'이라는 행사를 개최하고 있습니다.[20] 임직원의 잠재력을 끌어내려면 특히 '깨달음'을 얻는 것이 중요한데 상호 의사

소통 과정에서 그 깨달음이 일어난다고 믿기 때문입니다.

이 사례에 등장한 기법은 사람과 사회에 무엇이 좋은지 깊이 생각한다는 의미에서 철학 대화의 접근법과 일맥상통합니다. 이렇게 허심탄회하게 대화하는 과정을 통해 프로젝트팀 구성원의 참여도를 높이면 참신한 아이디어가 나올 것입니다.

앞장에서 서구의 사례를 소개했지만 제가 주장하는 일본형 철학 활용 모델은 전문가나 윤리 책임자가 임직원을 가르치는 것이 아니라, 조직 전체가 철학적으로 대화하는 문화를 배양하고 철학 씽커를 양성하며 철학을 활용하는 구조를 갖추도록 합니다.

그러나 '사랑이란 무엇인가?', '행복이란 무엇인가?'에 관해 자유롭게 대화할 수 있는 기업은 많지 않습니다. 대화라고 해놓고 단순한 의견 교환으로 끝나거나 공통된 이해를 얻지 못한 잡담으로 끝날 때도 많습니다. 어쩌면 모두가 서로의 눈치를 보느라 속내를 말하지 않을 수도 있습니다.

교세라京セラ 창업자인 이나모리 가즈오稲守和夫는 술잔을 주고받으며 마음을 털어놓는 '친목회'를 적극적으로 활용하여 기업을 성공으로 이끌었습니다. 그러나 시대가 달라졌습니다. 요즘은 '음주 소통'이 불필요하다고 생각하는 사람이 많아진 데다 준법경영을 유지하고 사내 괴롭힘을 방지하기 위해 회식자리에서도 속을 터놓고 이야기하지 않으려는 문화가 퍼지고 있습니다.[21]

따라서 철학적인 질문을 심화할 발판과 무대를 제공하는 철학 씽킹이 더욱 필요합니다. 기법을 먼저 습득한 철학 씽커는 퍼실리테이터로서 대화를 심화하여 더 짧은 시간에 더 큰 성과를 내도록 다른 사람을 도울 수 있습니다.

다양한 〇〇사고와 철학씽킹

철학씽킹의 기법을 해설하기 전에 몇몇 '〇〇사고'와 철학씽킹의 차이점을 짚어 보겠습니다. 최근 들어 '〇〇사고_{씽킹}' 혹은 그와 유사한 사고 기법이 많이 등장했습니다. '논리적 사고_{로지컬씽킹}', '비판적 사고_{크리티컬씽킹}' 등 기본적인 사고법 외에 이 책에서도 언급한 '디자인 사고', 예술가의 사고방식이나 예술을 감상할 때의 사고법을 비즈니스에 도입하려 하는 '아트씽킹' 등이 대표적입니다.

논리와 비판으로는 혁신을 일으킬 수 없다는 사실이 밝혀지면서 다양한 관점과 해석을 동원하여 감성으로 사물을 이해하는 기법이 점점 중시되고 있습니다. 기존의 문제 해결식 사고가 아니라 의미, 가치, 문맥, 이야기를 상상으로 해석하거나 구성하는 '센스메이킹[*]'이 필요해졌기 때문입니다.

철학씽킹은 논리와 비판을 중시한다는 점에서 로지컬씽킹이나 크리티컬씽킹과 겹치는 데가 있습니다. 그러나 나중에 자세히 말하겠지만 이유와 근거를 묻고 다른 관점에서 생각하려 애쓴다는것은 철학사고의 특징 중 일부일 뿐입니다.

센스메이킹 : 조직에서 진행되는 불확실하고 복잡한 상황을 명백하게 이해하고 행동하도록 돕는 인지과정.

구분	기존 비즈니스 사고	디자인 사고	아트씽킹	철학씽킹
특징	오류 없이 합리적으로 정답에 접근하는 사고법	사용자에게 다가서서 필요에 부응하거나 현상을 개선하는 사고법	개인에게 잠재된 주관적인 가치관을 기반으로 깨달음을 얻는 사고법	당연한 상식을 의심하고 언어를 통해 사물의 본질을 탐구하는 사고법
중시하는 것	효과와 효율	사용자에 대한 공감	개인의 주관과 오감	질문을 통한 본질 이해
롤 모델	기업인	디자이너	예술가	철학자

철학사고는 오류 없이 합리적으로 생각하는데 그치지 않습니다. 모순이나 의견 대립을 계기 삼아 전제를 다시 살펴보고 더 본질적인 과제를 도출하거나 이해를 소급한다는 점에서는 오히려 이전의 논증을 뒤집는 '비합리성'도 중시한다고 할 수 있습니다.

디자인 사고와의 관계를 살펴보면, 앞장에서 살펴본 것처럼 철학씽킹이 디자인 사고를 보완합니다. 철학씽킹은 디자인 사고와는 달리 과제 발견, 과제 설정에 더 역점을 두고 어떤 의미와 가치가 있는지 캐묻기 때문입니다. 자기 자신, 혹은 팀이 자각하지 못했던 전제나 편견을 의심하여 뒤집기도 하고 숨겨져 있었던 과제의 본질을 부각하기도 하며 새로운 의미의 맥락을 형성합니다.

이런 점에서 철학씽킹은 '아트씽킹'이나 '레고® 시리어스 플레이®*'와도 비슷합니다. 이 책에서 상세히 설명하지는 않겠지만 두

레고® 시리어스 플레이® : 레고 블록으로 아이디어를 시각화하고, 협업을 통해 복잡한 문제를 해결하는 방법론.

기법은 사람의 내면을 공유하는데 유용합니다. 표면적인 의식 수준에서는 좀처럼 깊숙한 본심이나 비전을 말로 표현하지 못하지만 아트씽킹을 활용하면 예술을 매개로 내면을 표출할 수 있는 것입니다. 한편 레고® 시리어스 플레이®에서는 레고®블록으로 직접 작품을 만든 후 그 작품을 바탕으로 만들어 낸 이야기나 자기 성찰을 공유합니다. 다만 아트씽킹이나 레고® 시리어스 플레이®가 감성을 중시하는 것과 달리 철학씽킹은 '언어'를 중시합니다.

상품·서비스 개발이든 인재·조직 개발이든 마찬가지로, 똑같은 말이 쓰이더라도 실제 의미는 다양할 수 있습니다. 앞서 언급한 '사랑'이나 '행복' 뿐만 아니라 평범한 회의에서 등장한 단어라고 해도 막연히 이해했다고 착각하고 그냥 지나칠 수 있습니다. 그러나 조직이나 프로젝트팀이 공통 비전과 콘셉트를 구축하고 평소에 그냥 지나칠 만한 주제에 관해 깊은 생각을 공유하다 보면 팀빌딩이 더욱 강력해집니다. 그러므로 더 좋은 조직과 프로젝트팀을 만들고 더 좋은 상품·서비스·광고를 만들기 위해 이념과 개념을 최대한 깊이 이해할 필요가 있습니다. 그러면 이제, 숨겨져 있었던 전제나 편견을 뒤집고 더 깊은 과제를 발굴하며 참신한 의미와 가치를 찾는 방법을 차례차례 살펴보겠습니다. 우선, 철학씽킹을 실천하기 전에 다음의 세 가지 철학적 태도를 갖추어야 합니다.

철학씽킹에 적합한 태도

1 반성적 태도

첫째, '반성적'이어야 합니다. 단순히 의견과 주장을 토로한다면 자기 생각과 신조를 쏟아내기만 하고 끝날 테니 생각이 깊어지지 않습니다. 철학씽킹 워크숍에서도 발언은 많이 하지만 단순히 자기 생각만 전달하거나 이전에 습득했던 문제해결 방법을 늘어놓느라 바쁜 사람이 있습니다. 사실 그런 사람은 자신의 기존 틀에 주제를 꿰맞췄을 뿐 정말로 사고한다고는 말하기 어렵습니다.

철학씽킹에서는 이와 반대로 '그러고 보니 이유를 모르겠는데 뭘까요?'라며 솔직하게 질문하는 태도가 바람직합니다.

2 비판적 태도

둘째, '비판적'인 태도가 필요합니다. 일본 사람들은 업무에서나 일상에서나 '남을 비판하는 것은 좋지 않다'라고 생각하는 경향이 있습니다. 그러나 비판은 비난, 비방과는 다릅니다.

앞으로 살펴보겠지만 '〇〇라는 의견이 나왔는데 다른 관점에서 생각하면 어떨까?' 또는 '만약 상황이 △△로 바뀌어도 〇〇라는 의견이 들어맞을까요?'라는 등의 의견은 비판적 사고의 결과일 뿐 '〇〇라는 의견을 낸 사람'을 부정하는 것이 아닙니다. 그러나 비판적인 의견을 제기하다 보면 의견을 낸 사람을 상처 입힐 수도 있습니다. 그러므로 그룹대화에서는 말로 상대를 상처 입히지 않도록 배려해야 합니다. 또한 주최자나 퍼실리테이터가 '탐구를 위해 서로 다른 의견을 활발하게 내는 시간이다'라는 식으로 규칙을 미리 알려서 지적, 심리적 안전을 확보하는 것이 중요합니다.

참고로 '비판적' 태도는 다른 사람뿐만 아니라 자기 자신을 대할 때도 필요합니다. 그러므로 철학씽킹 중에는 되도록 판단을 확정하지 않는 게 좋습니다. '나는 이렇게 생각하지만 과연 내 생각이 맞을까?', '만약 ○○라면 어떨까?'라는 식으로 자기 비판적으로 생각해야 합니다. '이렇게 되어야 한다'라는 생각은 가치 판단의 선택지 중 하나에 불과합니다. 그래도 '나는 ○○라는 의견을 굽힐 수 없다'라는 생각이 든다면 그 의견에 다양한 각도에서 의문을 제기해 봅시다. 남의 의견을 대할 때처럼 자신의 의견을 비판할 수 있다면 **1**의 '반성적' 태도도 저절로 갖춰질 것입니다.

3 호기심, 모험심 가득한 창조적 태도

셋째, 호기심, 모험심에 기반한 창조적 태도입니다. 그래서 기존의 틀을 벗어나 미지의 관점을 탐구하려는 시도가 필요합니다. 새로운 것을 창조하려면 반성적, 비판적 태도를 기반으로 타인의 의견에 귀를 기울이고 자신의 사고를 해체해야 합니다. 이질적인 요소를 받아들이거나 해체된 요소를 새로운 방식으로 재결합할 때만 새로운 발상이 탄생하기 때문입니다. 철학씽킹은 이런 점에서 철학사고보다 특수합니다. 혁신적인 발상을 실현할 수 있도록 철학자의 사고를 재구성하고 개량한 독특한 사고법이라서 그렇습니다.

철학씽킹의 단계

그러면 지금부터 철학씽킹의 실천 단계를 살펴보겠습니다. 철학 씽킹은 대략 다음의 네 단계로 구성됩니다.

1단계 : 질문 수립	3단계 : 논의 구성 및 관점 전환
2단계 : 질문 정리	4단계 : 핵심적, 혁신적 질문 제기 및 본질 발견

개인 활동이든 그룹대화든 위의 네 단계로 구성됩니다. 철학씽 킹은 조직 및 사업의 과제를 발견하고 해결할 목적일 때는 대개 그 룹 워크숍 형식으로 진행되고 스스로 질문하고 생각하는 힘이나 관리능력을 높이는 연수 목적일 때는 개인 워크숍 형식으로 진행 됩니다. 온라인이라면 수백 명 규모로도 연수를 진행할 수 있습니 다. 철학씽킹을 한번 습득해 두면 일대일 영업이나 코칭뿐 아니라 혼자서 생각을 정리할 때도 활용할 수 있습니다. 백문이 불여일견 이라 했으니 세세한 이론은 나중에 살펴보기로 하고 예시를 들어 실제로 함께 실행해 봅시다. 일단 개인 활동의 예시를 소개한 다 음에 그룹 워크숍 형식의 실천 패턴과 예시를 소개하겠습니다.

개인 활동의 테마를 정해 봅시다. 업무상 테마든 개인적 테마든 상관없습니다. 여기서는 예전에 고객사에서 실제로 진행한 워크숍 의 테마였던 '일하는 보람'을 채택하겠습니다. 개인이 자신의 '일하 는 보람'을 성찰하고 싶을 때뿐만 아니라 조직이나 프로젝트팀이 구성원의 참여도를 높이고 싶을 때 비즈니스 과제로 삼기에도 좋은 테마입니다. 철학씽킹은 주로 머릿속에서 진행되지만 보조 수단으로 '철학 레코딩'이라는 메모를 활용해도 좋습니다. 그러니 백지 몇 장과 여러 색의 펜을 준비합시다.

1단계 질문 수립

테마가 정해졌다면 답이나 의견을 제시하기 전에 '질문'부터 만듭니다. [도표6]에서처럼 '왜 ○○일까?' 또는 '과연 ○○이란 무엇일까?' 등 다양한 패턴을 사용할 수 있습니다.

'일하는 보람'이라는 테마에 관해 어떠한 질문이 떠오르나요? [도표7]처럼 먼저 '① 일하는 보람이란 무엇인가?', '② 어떨 때 일하는 보람을 느끼는가?', '③ 일하는 보람의 반대말은 무엇인가?', '④ 왜 일하는 보람은 지속되었다 중단되었다 하는가?', '⑤ 팀으로서 일하는 보람과 개인으로서 일하는 보람의 차이는 무엇인가?' 등 떠오르는 질문을 열거합니다. 평소에 품었던 의문을 떠올려도 좋고 생뚱맞은 질문을 던져도 괜찮습니다.

준비한 종이에 번호를 매겨 나열해 봅시다. 반복되는 긴 문구는 '일 = 일하는 보람'처럼 약어로 표현해도 좋습니다. 독자 여러분이 설정한 테마과제에 관한 질문도 종이에 적어 보세요.

이유와 근거

'왜 ○○일까?'

'정말 ○○일까?'

본질과 전제

'과연 ○○이란 무엇일까?'

'어떤 전제와 조건이 깔려 있을까?'

다른 관점과 가능성

'만약 ○○라면 어떻게 될까?'

'그 외에 어떤 가능성이 있을까?'

구체적인 사례와 반례

'예를 들면, 구체적인 사례를 든다면?'

'언제나 그런가, 예외나 반례는 없을까?'

차이점과 공통점

'○○와 △△의 차이점은?'

'○○와 △△에 공통점은?'

정당성

'그 추론에 비약은 없었나?'

'○○와 모순되지 않았나?'

[도표7] 1단계 : 질문 수립

'일하는 보람'에 관한 '질문'을 열거합니다

① 일하는 보람이란 무엇인가?

② 어떨 때 일 을 느끼는가?

③ 일 의 반대는 무엇인가?

④ 왜 일 은 지속되었다 중단되었다 하는가?

⑤ 팀으로서 일 과 개인으로서 일 의 차이는?

일 : 일하는 보람

2단계 질문 정리

질문이 많이 나왔나요? 질문이 너무 다양하면 어디부터 생각해야 할지 곤혹스러울 수 있습니다. 그래서 2단계에서는 비슷한 질문들을 그룹으로 묶어 '○○에 관한 질문'으로 정리할 것입니다. 그 예시가 [도표8]에 나와 있습니다.

도표의 질문 중 '일하는 보람이란 무엇인가?'와 '일하는 보람의 반대말은 무엇인가?'는 '일하는 보람의 정의에 관한 질문'으로 묶을 수 있습니다. '왜 일하는 보람은 지속되었다가 중단되었다가 하는가?'와 '팀으로서 일하는 보람과 개인으로서 일하는 보람의 차이는?'은 '일하는 보람의 종류에 관한 질문'으로 묶습니다. 그리고 '어떨 때 일하는 보람을 느끼는가?'는 '일하는 보람의 조건에 관한 질문'입니다.

여기서 중요한 점은 정리하는 방법이 정해져 있지 않다는 것입

- 왜 ○○인가?
- ○○는 정말 △△인가?

예) '이유', '근거'에 관한 질문

- ○○란 무엇인가?
- ○○는 어떤 의미인가?
- ○○와 △△의 차이는 무엇인가?
- ○○를 영어(일본어)로 표현하면?
- ○○의 반대말은 무엇인가?

예) '정의', '의미'에 관한 질문

- ○○는 좋은가, 나쁜가?
- ○○의 장단점은 무엇인가?
- ○○는 무엇으로 평가할 수 있는가?

예) '가치', '기준'에 관한 질문

- ○○가 △△가 되려면 어떤 조건을 충족해야 하는가?
- ○○는 △△ 없이도 성립하는가?
- ○○에 △△이 필요한가?

예) '조건', '필요성'에 관한 질문

- 언제 ○○하는가?
- ○○는 어떨 때 일어나는가?
- ○○는 어디에서 일어나는가?

예) '시기', '시점', '장소'에 관한 질문

- ○○는 어느 정도인가?

예) '정도', '빈도'에 관한 질문

- 누가 ○○하는가?
- ○○는 무엇과 관련되어 있는가?
- ○○에는 어떤 종류가 있는가?

예) '주체', '대상', '종류'에 관한 질문

- 무엇이 ○○을 만드는가?
- ○○는 어떻게 △△가 되는가?

예) '수단', '과정'에 관한 질문

분류하기 어려운 기발한 질문
- 우주에서도 ○○는 성립하는가?
- 아기와 동물에게도 ○○가 있는가?

예) '○○를 소리(색, 감정)로 표현하면 어떻게 될까?'

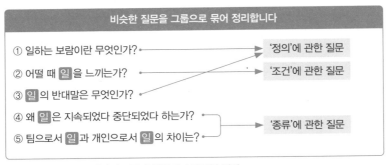

[도표9] 2단계 : 질문 정리

비슷한 질문을 그룹으로 묶어 정리합니다

① 일하는 보람이란 무엇인가? ──────→ '정의'에 관한 질문

② 어떨 때 일을 느끼는가? ──────→ '조건'에 관한 질문

③ 일의 반대말은 무엇인가?

④ 왜 일은 지속되었다 중단되었다 하는가? ──→ '종류'에 관한 질문

⑤ 팀으로서 일과 개인으로서 일의 차이는?

※ 하나의 질문이 둘 이상의 그룹에 중복되지 않도록 정리
※ 하나의 질문은 하나의 그룹에 속하는 것이 원칙

니다. 어떤 독자는 '팀으로서 일하는 보람과 개인으로서 일하는 보람의 차이는?'을 '일하는 보람의 조건에 관한 질문'으로 분류할지도 모릅니다. 방식은 다양하니 자유롭게 정리하면 됩니다.

질문을 그룹화하는 목적은 첫째, 그 질문이 무엇을 의미하는지 점검하기 위해서입니다. 질문에는 그 질문을 던진 사람이 중요하게 생각하는 요소가 담겨 있습니다. 다른 사람은 그냥 지나칠지 모르지만 질문자에게는 중요하거나 잠재적으로 신경 쓰이는 요소일 것입니다. 그렇지만 짧은 질문만으로는 그 의미를 명확히 드러내지 못할 수 있습니다. 따라서 잘 살펴보며 질문의 목적이 무엇인지 명확히 해야 합니다.

질문을 그룹화하는 또 하나의 중요한 목적이 있습니다. 나중에 자세히 말하겠지만 2단계는 3~4단계의 기둥이 될 몇 가지 관점을

확립하는 단계입니다. 3단계에서 하나의 테마를 여러 관점에서 생각하기 위해 질문들을 미리 체계화해 두는 것입니다.

다시 말해 아직 분화되지 않아 관점과 경계가 모호한 상태인 질문들을 형태가 있는 몇 개의 덩어리로 분화하여 차별화하는 단계입니다.철학 이론상의 근거는 4장에서 소개하겠습니다.

3A단계 논의 구성

3단계에서는 지금까지 나온 질문을 전개하고 심화합니다. '일하는 보람'을 예제로 6가지 기초 기법을 소개할 텐데 순서는 정해져 있지 않으니 자유롭게 골라 쓰면 됩니다.

실제로는 각 항목을 여러 번 사용하므로 논의 구조가 복잡해지겠지만 이 책에서는 쉽게 단순화하여 해설하겠습니다. 또 하나의 테마를 여러 관점에서 생각하기 위해 '조건에 관한 질문' 그룹을 3A로 칭하고 '종류에 관한 질문' 그룹을 3B로 칭하겠습니다.

- 파고들어 질문한다
- 공통점과 차이점을 찾아본다
- 구체적 사례, 반례를 찾아본다
- 다른 관점에서 살펴본다
- 극단적인 상황을 상정하여 질문한다
- 다른 의견과 논점을 서로 결부시킨다

3A-1단계 질문 심화

철학적으로 사고한다고 말하면 '왜일까?', '○○는 어떤 뜻일까?'라는 질문을 떠올리는 사람이 많을 것입니다. 이것은 이유나 근거,

의미 등에 관한 질문의 패턴입니다.

예를 들어 일하는 보람의 '조건'에 관한 질문 즉 '어떨 때 일하는 보람을 느끼는가?'에 대해 '목표인 과제 해결을 위해 노력하고 있을 때'라는 의견을 냈다고 합시다. 그러면 그 의견에 대해 다시 '그렇게 말할 수 있는 이유는 무엇인가?', '그 말은 무엇을 뜻하는가?'라고 다시 물을 수 있습니다. 그러면 '과제를 해결하면 목표를 달성하고 싶다는 욕구가 채워지기 때문'이라는 본질적 이유를 찾아낼 수 있을지도 모릅니다.

철학 레코딩으로는 [도표10]에 나온 몇몇 기호를 활용하여 질문과 논의의 흐름을 기록합니다. 회의나 워크숍 내용을 시각적으로 기록하는 그래픽 레코딩 기법이 다양한 용도로 쓰이지만 철학씽킹의 논의를 심화하는데 도움이 된다고는 말할 수 없습니다. 한편 철학 레코딩은 논의를 심화하는데 주안점을 둔 메모 기법으로 철학씽킹에 적합합니다.

- '심화 질문'은 한쪽 화살표(→)로 표시
- '관점 전환', '반례 제시'는 양쪽 화살표(↔)로 표시
- '구체적 사례 제시'는 '예를 들어'를 뜻하는 기호(e.g.)로 표시
- '세부 항목'에는 '1. ○○ 2. ○○ 3. ○○'라는 식으로 순번 매기기
- '따라서'는 ∴로 표시
- '왜냐하면'은 ∵로 표시
- 중요한 관점이나 질문은 ★표 또는 다른 색으로 표시
- 단순한 의견이나 주장이 이어지면 줄표로 연결

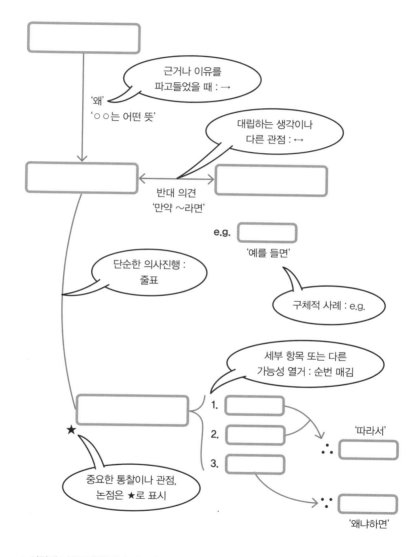

※ 이렇게 기호를 활용하여 기록하면서 논의를 심화하는 것인데, 본인만 알아보면 되니 쓰기 편한 기호를 추가해도 됩니다.

질문과 의견에 대해 다시 이유, 근거, 의미를 질문합니다

일하는 보람의 '조건'에 관한 질문

② 어떨 때 일 을 느끼는가?

목표인 과제 해결을 위해 노력할 때

왜 그런가

달성하고 싶다는 욕구가 채워지므로

'일하는 보람'에 관한 철학씽킹에서는 [도표11]과 같이 철학 레코딩을 작성할 수 있습니다. 일단 왼쪽 맨 위에 앞으로 다룰 질문그룹의 이름을 적습니다. 자신의 체험이나 구체적 사례에 기반한 의견 또는 질문이 많이 나올 법한 질문그룹을 처음에 다루는 것이 원칙입니다. 나중에 자세히 해설하겠지만 추상적인 질문그룹이나 남에게서 얻은 지식에 기반하여 대답하기 쉬운 질문그룹을 처음에 채택하면 대화가 헛돌 위험이 있기 때문입니다.

그 다음에는 질문과 의견을 줄표로 연결합니다. '어떨 때 일하는 보람을 느끼는가?'라는 질문에서 '목표인 과제 해결을 위해 노력할 때' 쪽으로 가지를 뻗는다고 생각하면 됩니다.

그런 다음 '파고들어 질문하기'를 의식적으로 실천해 봅시다. 이 예시에서는 화살표(→) 끝에 앞의 의견이나 주장에 대한 이유와 근거·의미를 담은 항목 즉 '달성하고 싶다는 욕구가 채워지므로' 등을 달아주면 됩니다.

물론 다른 질문 패턴을 활용할 수도 있습니다. 실제로 '무엇을 위해 ○○를 하는가?'라며 목적을 물어도 되고 '어떤 원인으로 ○○가 되었는가?'라며 인과를 물어도 됩니다. 그 외에도 '무엇이 ○○의 근거인가?', '○○의 의미는 무엇인가?' 등 다양한 질문 패턴을 활용해 봅시다.

이처럼 단순히 '왜'라고 묻기보다 의문을 세세히 구분하여 질문하면 더 효과적인 대답을 얻을 수 있습니다. 따라서 무엇을 묻고 싶은지 명확하게 인식하는 것이 중요합니다.

3A-2단계 다른 관점에서 살펴보기

특별히 신경 쓰지 않으면 사람은 늘 똑같은 관점과 패턴으로 사고하게 됩니다. 그래서 철학씽킹에서는 의식적으로 '다른 관점으로 살펴보기'를 실천합니다. 그때는 '만약 ○○라면 어떨까?', '그 외에 어떤 가능성이 있을까?', '반대되는 관점에서 생각하면 어떨까?' 등의 질문 패턴을 사용합니다.

예를 들면 '어떨 때 일하는 보람을 느끼는가?'라는 질문의 관점을 전환하여 '어떨 때 일하는 보람을 못 느끼는가?'라는 질문을 만들 수 있습니다. 그러면 '하기 싫은 일을 강요당할 때', '실현하고 싶은 일을 할 수 없어서 괴로울 때' 등의 의견이 나올 것입니다.

물론 다른 지점에서부터 화살표를 연결하거나 다른 질문 패턴

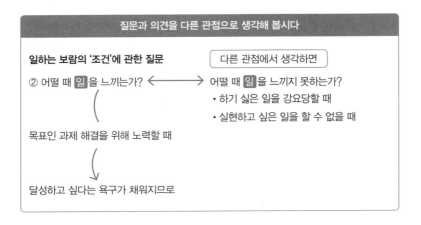

[도표12] 3A-2단계 : 다른 관점에서

질문과 의견을 다른 관점으로 생각해 봅시다

일하는 보람의 '조건'에 관한 질문

다른 관점에서 생각하면

② 어떨 때 일을 느끼는가? ←――――→ 어떨 때 일을 느끼지 못하는가?
- 하기 싫은 일을 강요당할 때
- 실현하고 싶은 일을 할 수 없을 때

목표인 과제 해결을 위해 노력할 때

달성하고 싶다는 욕구가 채워지므로

을 써도 괜찮습니다. 어쨌든 자신이 제시한 질문과 의견에 대해 '다른 관점으로 살펴보기'를 시도해 봅시다.

3A-3단계 공통점과 차이점 찾기

지금까지 소개한 질문 패턴은 논의를 심화하거나 확장할 때 쓰는 기본 패턴입니다. 한편 앞으로 설명할 '공통점과 차이점 찾기'에서는 둘 이상의 질문이나 의견을 동시에 살펴보기 위해 더 복합적이고 발전적인 질문 패턴을 사용해야 합니다.

예로는 'ㅇㅇ와 △△의 공통점은 무엇인가?', 'ㅇㅇ과 △△의 차이점은 무엇인가?', 'ㅇㅇ라는 생각과 △△라는 생각은 모순되지 않는가?' 등이 있습니다. 예를 들어 각각 다른 맥락으로 논의를 펼치던 A의 의견혹은질문과 B의 의견에서 공통점을 찾을 수 있습니다. 여러 명의 팀으로 대화할 때 그 공통점은 합의된 공통 견해나 상호 공유된 전제가 될 것입니다. 철학씽킹에서는 그렇게 합의를 형성하고 공통 전제를 발굴, 확인하는 것이 중요합니다.

한편 공통점은 차이점과 반대인 경우가 많습니다. A와 B에 C라는 공통점이 있다고 하면 논리적으로 A에 C 요소가 있고, B에도 C 요소가 포함되어 있을 것입니다. 그러면 C를 제외한 A, B의 요소들이 차이점이 됩니다. 그 차이점을 찾는 것이 예리한 논점을 발굴하는데 큰 도움이 될 때가 많습니다.

하지만 A와 B에 C 이외에 D와 E 등 서로 다른 요소가 있다고 해도 D와 E가 서로 대립하거나 모순된다고는 말할 수 없습니다. 그것들은 단순히 아무 관계없는 독립된 요소에 불과합니다. 그러나 A와 B의 요소 중 대립하거나 모순되는 요소도 있을지 모릅니다. 철학씽킹을 실천할 때는 공통점 외의 요소 중에서 이런 대립 요소나 모순 요소를 찾아내 논점으로 제시하는 것이 중요합니다.

여기 나온 예시에서는 '내 마음을 실현할 수 있느냐, 없느냐'가 대립점 및 차이점이 되었습니다. 한편 실현 여부와 관계없이 '내가 달성하고 싶은 일인가, 아닌가'가 일하는 보람을 느끼느냐, 느끼지 못하느냐를 결정하는 공통 가치 기준 및 전제가 되었습니다.

서로 다른 질문과 의견을 연결해 보면 새로운 통찰이나 과제의 포인트가 보일 것입니다. 이 점이 철학 레코딩의 핵심이므로 나중에 훑어볼 때 눈에 띄도록 ★표를 붙이거나 다른 색으로 적어서 강조해 둡시다.

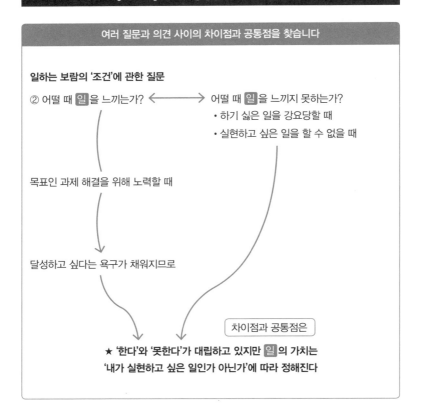

[도표13] 3A-3 공통점과 차이점을 묻는다

여러 질문과 의견 사이의 차이점과 공통점을 찾습니다

일하는 보람의 '조건'에 관한 질문

② 어떨 때 일을 느끼는가? ←————→ 어떨 때 일을 느끼지 못하는가?

• 하기 싫은 일을 강요당할 때

• 실현하고 싶은 일을 할 수 없을 때

목표인 과제 해결을 위해 노력할 때

달성하고 싶다는 욕구가 채워지므로

차이점과 공통점은

★ '한다'와 '못한다'가 대립하고 있지만 일의 가치는
'내가 실현하고 싶은 일인가 아닌가'에 따라 정해진다

3B단계 질문그룹을 바꾸는 '관점 전환'

이 책에서는 지면이 한정되어 있어서 논의를 전개하는 방법도
철학 레코딩을 작성하는 방법도 간략하게 설명했습니다. 그러므로
실제로 실시할 때는 지금까지 소개한 질문의 패턴과 철학 레코딩
작성법을 참조하며 가지를 차차 늘리면 됩니다.

특히 3A-3에서 말했듯이 서로 다른 질문과 의견을 연결하거나

중요한 통찰과 논점을 표시하면서 논의를 전개하되, 일방적으로 계속 확산하는 것이 아니라 수렴하기도 해야 합니다. 그래야 논의의 구조가 전체적으로 탄탄해집니다. 철학씽킹에서는 발산과 수렴을 반복하면서 논의를 전개하는 것이 관건입니다.

기업 연수에서 개인용 철학씽킹을 설명할 때도 '가지를 계속 뻗다보면 끝없이 넓어지게 되지 않느냐?'는 질문을 종종 받습니다. 물론 확실히 반대되는 관점을 계속 끌어오거나 근거와 이유를 묻기만 한다면 논의가 끝나지 않을 것입니다. 그러나 서로 다른 질문과 의견을 연결하면서도 적당히 수습하여 통합적 관계성을 만들어 나가면 논의에 체계가 잡히고 넓어졌던 범위가 조금씩 좁아질 것입니다. 또한 논의를 충분히 심화하면 추가적 의견과 관점이 점점 소진되어 새로운 질문이나 견해가 나오지 않게 됩니다.

그때가 다음 질문그룹으로 넘어갈 시점입니다. 그러면 한 번 더 3A-1과 3A-2에서 소개한 방식으로 논의를 전개하고 철학 레코딩을 작성하면 됩니다.

이번에는 이어지는 질문을 전개·심화하는 패턴을 설명하고 일하는 보람의 '종류'에 관한 철학씽킹을 보여드리겠습니다.

철학 레코딩에서는 [도표14]처럼 맨 위에 두 번째 질문그룹의 이름을 적습니다. 그리고 그 밑에 '④ 왜 일하는 보람은 지속되었다가 중단되었다가 하는가?', '⑤ 팀으로서의 일하는 보람과 개인으로서의 일하는 보람의 차이는?'이라고 적고 앞에서처럼 가지를 뻗어나가며 논의를 전개합니다.

극단적인 질문과 의견으로 논점을 부각시킵니다

일하는 보람의 '종류'에 관한 질문

④ 왜 일은 지속되었다가 중단되었다가 하는가?

⑤ 팀으로서 일과 개인으로서 일의 차이는?

┌─────────────┐
│ 극단화하면 │ ↓
└─────────────┘

무인도에 혼자 남아도 일을 느낄 수 있을까?

3B-4단계 **극단적인 상황을 상정한 질문과 의견 제시**

철학 논의에서는 사고 실험을 자주 활용합니다. 복잡한 상황에 포함된 다양한 요소를 일부러 제거하고 극단적인 조건을 가정하여 상상해 보는 것입니다. 핵심 주제와 관계없는 요소를 되도록 줄여 논점을 예리하게 만들기 위해서입니다.

철학씽킹에서도 질문과 의견을 일부러 극단적으로 만들 수 있습니다. 예를 들어 '팀으로서의 일하는 보람과 개인으로서의 일하는 보람의 차이는?'이라는 질문을 '무인도에서 혼자가 되어도 일하는 보람을 느낄 수 있을까?'라는 극단적인 질문으로 바꿔 보는 것입니다. 타인이 존재하지 않는 상황을 상정하면 '일하는 보람에 인간관계가 어느 정도의 영향을 미치느냐?'라는 질문의 논점이 더욱 예리해집니다. 실제로 무인도에 갈 일은 없겠지만 누구나 상상은 할 수 있을 것입니다. 또 예시에서는 '종류'에 관한 질문그룹에 질문 두 개가 포함되어 있지만 모든 질문을 다룰 필요는 없습니다.

시간이 있으면 되도록 많은 질문을 다루는 게 좋겠지만 실제로 가능한 범위에서 가지를 그려가며 논의를 전개하면 됩니다.

3B-5단계 구체적 사례, 반례 제시

철학을 추상적인 학문으로 생각하는 사람이 많습니다. 그러나 철학에서는 '예를 들어', '예외는', '반대 사례는'이라는 질문을 통해 구체적 사례나 반례를 제시하는 과정이 중요합니다.

언어는 원래 추상적입니다. 어떤 말을 동원하든 여러분이 읽는 이 책, 책장을 넘기는 소리라는 구체적 경험을 있는 그대로 전달할 수 없습니다. 언어는 어디까지나 구체적 경험을 표현하는 추상 개념을 전달할 뿐입니다. 그래도 우리는 언어를 통해 사고하고 자신의 실제 체험이나 사례에 비추어 상상하면서 현실성 있는 논의를 전개할 수 있습니다.

언어를 사용하는 방법 중에서도 개별적이고 구체적인 사례를 제시하는 방법은 섣불리 일반화한 명제를 반증하는데 큰 효과를 발휘합니다. 예를 들어 '혈액형이 B형인 인간은 이기적이다'라고 말하는 사람은 '모든 'B형 인간'에게 '이기적이다'라는 특징을 덮어 씌우고 있습니다. 이 사람은 오직 상대방이 B형이라는 이유로 '당신은 이기적이다'라고 말합니다. 'B형 인간은 이기적이다', '당신은 B형이다'라는 사실만 보고 '당신은 이기적이다'라고 추론했기 때문입니다.

이처럼 추상적인 말에만 의지하다 보면 섣불리 일반화된 명제나 논리에 논의가 휘둘릴 수 있습니다. 그러나 '이기적이지 않은 B형 인간'의 예가 하나라도 나타나면 '모든 B형 인간은 이기적이다'라는 명제가 거짓이 됩니다. 따라서 철학씽킹을 전개할 때도 구체적인 사례를 드는 것이 중요합니다.

'무인도에 혼자 남아도 일하는 보람을 느낄 수 있을까?'라는 질문에 대해서도 '내가 설정한 목표를 달성했지만 타인에게 인정받지 못해 일하는 보람을 느끼지 못했다'라는 구체적 경험을 제시할 수 있습니다. '다친 동물을 구조하면 일하는 보람을 느낄 수 있지 않을까?'라는 반례를 들 수도 있을 것입니다. 철학 레코딩으로 이 과정을 [도표15]와 같이 기록합시다.

[도표15] 3B-5단계 : 구체적 사례, 반례 제시

구체적 사례나 반례를 듣니다

일하는 보람의 '종류'에 관한 질문

④ 왜 일은 지속되었다가 중단되었다가 하는가?

⑤ 팀으로서 일과 개인으로서 일의 차이는?

↓

무인도에 혼자 남아도 일을 느낄 수 있을까?

구체적 사례는   e.g. 목표를 달성한다 해도 타인에게 인정받지 못하면 일을 못 느낄 수 있다.

반례는   ★ 다친 동물을 구조하면 일을 느낄 수 있지 않을까?

4단계 핵심적, 혁신적 질문 제기 및 본질 발견

시간이 허락하면 질문그룹을 세 개 이상 다뤄보는 게 좋겠지만 시간이 없다면 철학 레코딩을 두 그룹 이상 전개한 시점에서 4단계로 넘어가도 됩니다. 4단계에서는 지금까지의 논의를 전체적으로 첨가하면서 더 근본적인 통찰과 과제를 찾아냅니다. 3A-3에서 설명했듯 서로 다른 의견과 질문을 연결하면서 그것들 사이의 공통점과 차이점, 모순점을 찾는 것입니다. 다만 이번 4단계에서는 첫 번째 질문그룹과 두 번째 질문그룹의 논의 체계를 비교합니다.

3A와 3B에서는 하나의 질문그룹 안에서 의견과 질문을 연결하므로 논의 체계가 평면적이지만, 4단계에서는 하나의 테마에 속한 다른 질문그룹을 연결하며 다른 관점에서 생각하므로 한층 높은 차원의 입체적 논의가 가능합니다. 이렇게 3A의 논의와 전제를 3B라는 다른 관점에서 재검토하는 식으로 관점을 전환하면 이전에는 보지 못했던 암묵적 전제나 과제를 발견하고 더 근본적인 통찰과 과제를 도출할 수 있습니다.

반대로 3A의 관점에서 3B의 논의와 전제를 다시 살펴봐도 좋습니다. 이 과정이 익숙해지면 3단계에서 두 번째 이후의 질문그룹을 다루는 도중에도 이전에 다룬 질문그룹의 논의 내용과 현재의 논의 내용을 비교할 수 있게 됩니다.

철학씽킹의 문답은 오해와 편견을 배제하고 전제, 그 전제의 전제까지 되짚어 생각하는 사고 기술입니다. 논리 규칙에 따라 합리적으로 논의를 구성하는 로지컬씽킹, 논의의 타협성을 비판적으로 성찰하는 크리티컬씽킹과 부분적으로 겹치기는 하지만 철학씽킹의 핵심은 오히려 기존에 전개한 논증을 뒤집고 '과연 ○○이란 무엇인가?'를 반성적으로 묻는 과정, '숨은 전제'를 폭로하며 더 근원적인 전제를 끄집어내 다시 살피는 과정에 있습니다.

4-6단계 서로 다른 질문과 의견의 연결

철학 레코딩에서는 여러 질문과 의견 사이에 선을 그어 논의의 맥락을 표시합니다. 이때 각각 체계적인 맥락을 이루는 선들에서 대립하는 논점을 찾아내 질문으로 변환할 수 있습니다.

[도표16]을 봅시다. 3A에서 도출한 의견 "실제로 '한다'와 '못한다'가 대립하고 있지만 일의 가치 기준은 '내가 실현하고 싶은 일인가 아닌가?'에 달려 있다"와 3B에서 도출한 의견 "다친 동물을 구해 주면 일하는 보람을 느낄 수 있지 않을까?"에 주목합시다.

이 둘을 연결한 다음 둘 사이의 모순점을 질문으로 변환할 수 있습니다. 이 예시에서는 '내가 실현하고 싶은 일인가 아닌가에 관계없이 예상 밖의 사건에 직면한 것을 계기로 일하는 보람을 느낄 수도 있지 않을까?'라는 질문이 만들어졌습니다.

대립하는 의견을 중재하여 답을 내는 것은 어려운 일입니다. 그러나 질문을 만드는 것은 어렵지 않습니다. 오히려 대립하는 의견에서 명확한 논점을 찾지 못하고 제각각 의견을 전개하는 사태를 피해야 합니다. 논의가 헛돌면서 결론 없는 논쟁이 이어질 수 있기 때문입니다.

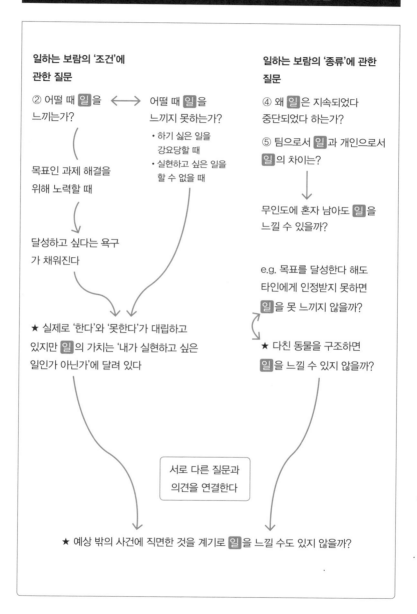

일하는 보람의 '조건'에
관한 질문

② 어떨 때 일을 ⟷ 어떨 때 일을
느끼는가?   느끼지 못하는가?

• 하기 싫은 일을
  강요당할 때
목표인 과제 해결을   • 실현하고 싶은 일을
위해 노력할 때   할 수 없을 때

달성하고 싶다는 욕구
가 채워진다

★ 실제로 '한다'와 '못한다'가 대립하고
있지만 일의 가치는 '내가 실현하고 싶은
일인가 아닌가'에 달려 있다

일하는 보람의 '종류'에 관한
질문

④ 왜 일은 지속되었다
중단되었다 하는가?

⑤ 팀으로서 일과 개인으로서
일의 차이는?

무인도에 혼자 남아도 일을
느낄 수 있을까?

e.g. 목표를 달성한다 해도
타인에게 인정받지 못하면
일을 못 느끼지 않을까?

★ 다친 동물을 구조하면
일을 느낄 수 있지 않을까?

서로 다른 질문과
의견을 연결한다

★ 예상 밖의 사건에 직면한 것을 계기로 일을 느낄 수도 있지 않을까?

따라서 다수의 의견을 중재하는 통합안이나 타협안을 내기 전에 대립하는 논점을 질문으로 언어화해 봅시다.

이 예시에서는 3A에서 공통점으로 추출한 '일하는 보람의 가치는 내가 실현하고 싶은가 아닌가에 달려 있다'라는 전제를 부정하고 있습니다. 무의식적 편견이나 전제가 뒤집히는 순간입니다. 그 결과 '내 의도나 욕구와는 무관한 예상 밖의 사건 때문에 일하는 보람을 느낄 수도 있지 않을까?'라는 새로운 질문이 탄생했습니다.

만약 이 사람이 원래 '일하는 보람이란 내가 하고 싶은 일을 추구할 때 스스로 획득하는 것'이라고 생각했다면 이 순간에 '내가 하고 싶은 일도 하기 싫은 일도 아닌 제3의 영역에서 일하는 보람을 느낄 수 있다'라는 사실을 새로 깨달을 것입니다. '외부 요소가 내 의도나 욕구와 무관하게 나에게 일하는 보람을 부여할 수도 있다'라는 통찰을 얻는 순간 이전에 보이지 않던 것이 보이기 시작합니다.

또한 '스스로 획득한 보람과 외부에서 주어진 보람의 차이는 무엇인가?'라는 질문도 던질 수 있습니다. 답을 내지 못하더라도 타인이나 타사가 찾아내지 못한 핵심적, 혁신적 질문과 과제를 찾아낸 것만으로도 혁신에 성큼 다가섰다고 할 수 있습니다.

물론 철학씽킹을 한번 실천했다고 해서 혁신이 일어난다고는 말할 수 없습니다. 그러나 마구잡이로 아이디어를 끌어 모으거나 과제를 분석할 때보다 성공할 확률이 압도적으로 높아집니다. 계획적, 전략적으로 테마를 바꾸어 여러 번 실시하면 성공률이 더 높아집니다. 제 경험에 비추어 볼 때 여러 번 실시하면 십중팔구 참신한 통찰과 과제를 찾을 수 있습니다. 그러면 이제 그룹대화 형식으로 철학씽킹을 전개하는 방법을 살펴보겠습니다.

그룹 워크숍 형식의 철학씽킹

지금까지 철학씽킹과 철학 레코딩을 개인으로 진행하는 예시를 소개했지만 여러 사람이 그룹 워크숍을 진행할 때도 원리는 같습니다. 참고로 실제 현장에서는 주로 그룹대화형 워크숍을 실시하고 있습니다. 그러면 개인형 철학씽킹의 방법에 보조 설명을 추가하면서 그룹대화형 워크숍의 방법을 소개하겠습니다.

그룹대화형 워크숍에서 철학씽킹을 전개할 때도 똑같이 4단계를 밟습니다. 다만 결정적인 차이점은 참가자들의 발언을 누군가가 '퍼실리테이트' 한다는 것입니다.

퍼실리테이트는 단순한 사회나 진행과는 다릅니다. 퍼실리테이터는 대화의 체계를 정리하거나 참가자의 주장이나 질문에 관해 다른 관점을 제시하면서 참가자들 스스로 대화를 심화하고 본질에 다가설 수 있게 돕는 역할을 합니다.

그렇지만 'ㅇㅇ라고 말하면 △△라고 질문하자'라든가 '이 테마라면 ㅇㅇ라는 의견이나 과제가 도출될 것이다'라는 식으로 미리 준비하는 것은 좋지 않습니다. 그러면 퍼실리테이터도 참가자들도 사전에 준비한 생각에 얽매이게 됩니다. 심지어 퍼실리테이터가 기획 입안자를 겸하고 있다면 자신의 가설을 정당화하는 방향으로 대화를 유도할 수도 있습니다. 퍼실리테이터는 참가자와 함께 정해진 테마를 탐구하겠다는 자세로 임하는 것이 좋습니다.

철학씽킹은 개인으로 진행하든 그룹 워크숍으로 진행하든 기본자세나 실행 단계는 똑같습니다. 하지만 다른 점도 많으니 앞으로 차차 소개하겠습니다. 대략의 흐름은 다음과 같습니다.

0단계 : 테마 설정 및 시간 · 장소 · 참가자 설계
1단계 : 질문 수립
2단계 : 질문 정리
3단계 : 논의 구성과 관점 전환
4단계 : 핵심적, 혁신적 질문 및 본질 발견

0단계 테마 설정 및 시간 · 장소 · 참가자 설계

우선 테마를 정합니다. 키워드 형식으로 정해도 좋고 질문 형식으로 정해도 좋습니다. 키워드라면 대화하고 싶은 문제를 '협업', '업무 개혁' 등 짧은 단어로 요약합니다. 한편 질문이라면 '사회공헌이란 무엇인가?', '사람은 왜 불상을 보면 마음이 편안해지는가?' 등으로 정하면 됩니다. 다만 이때 주의할 점은 질문을 최대한 중립적으로 만들어야 한다는 것입니다.

실제로 장식용 불상 판매 사업자의 의뢰를 받아 '불상 마니아는

왜 불상을 사들이는가?'라는 테마를 조사한 적이 있습니다. 그때 처음에는 '왜 나이를 먹을수록 불상에 관심이 생기는가?'라는 질문을 사용하려고 했습니다. 그러나 이 질문에는 '나이가 많으면 불상에 관심이 생긴다'라는 전제가 이미 깔려 있습니다. 그래서 대화 참여자에게 인지편견이 생긴 상태에서 대화를 시작하게 될 것입니다.

이럴 때는 '왜 나이와 성별에 따라 불상에 대한 관심도가 달라지는가?' 등으로 질문을 변경해야 합니다. 그래야 편견을 배제하고 중립적인 지점에서 대화를 시작할 수 있습니다.

또한 테마의 추상도가 높으면 대화가 계속 넓어지고 막연해지는 경향이 있습니다. 반대로 테마가 구체적일수록 대화 범위가 한정됩니다. 예를 들어 '일하는 의미'라는 테마와 '컨설턴트로서 일하는 의미'라는 테마가 있다고 합시다. 둘 중 전자를 선택하면 다양한 질문, 논점, 의견이 나와서 대화가 넓어지기 쉽고, 후자를 선택하면 대화가 한정되어 질문, 논점, 의견을 모으기 쉽습니다.

둘 중 무엇이 좋은지는 워크숍의 목적에 따라 달라집니다. 어디서부터 대화를 시작해야 할지 몰라 일단 다양한 관점을 도출하고 싶다면 전자와 같이 테마를 넓게 설정하는 게 좋습니다. 한편 합의 형성 등으로 목적이 어느 정도 한정돼 있다면 테마도 한정적으로 정해 대화를 모으는 것이 좋습니다. 그럴 때는 예시에서처럼 테마에 '컨설턴트로서' 같은 한정사를 붙이면 됩니다. 마찬가지로 막연히 '행복'에 관해 대화할 때보다 '소소한 행복'에 관해 대화할 때 구체적이고 한정된 논의가 가능할 것입니다.

워크숍 시간은 60~90분이 적당합니다. 여기에 취지 설명이나 자기소개, 아이스 브레이킹 시간을 추가하면 총 90~120분 정도가 필요합니다. 그러나 사소한 관점 전환이나 아이디어 수집이 목적이라면 20~30분 안에 끝낼 수도 있습니다. 장소는 대면 형식이라면 휴게실이나 카페, 연회장처럼 편안하게 이야기할 수 있는 공간이 좋습니다. 물론 회의실도 나쁘지 않지만 책상을 치우고 의자를 원형으로 배치하여 서로 마주 앉아 이야기하도록 합시다.

비즈니스 현장에서 실시할 때는 참가자 선정도 중요합니다. 원칙적으로는 프로젝트의 목적에 도움이 되는 사람을 참가시켜야 합니다. 사내에서든 사외에서든 프로젝트팀의 과제를 논의하고 싶다면 팀원 외의 외부 관계자도 초대하도록 합시다.

인원은 8~10명이 최적입니다. 최소 4명, 최대 16명으로도 실시해 봤지만 인원이 너무 적으면 다양한 관점이 나오기 어렵고 너무 많으면 관점이 너무 많아서 의견이 모이지 않는 데다 모두에게 충분한 발언 기회와 시간이 주어지지 않습니다. 인원이 너무 많다면 2회, 3회로 나누어 실시하거나 적당한 인원으로 그룹을 나누어 실시할 것을 추천합니다.

워크숍 효과를 높이려면 다른 업계에 종사하는 사람, 다른 조직에 속한 사람, 세대가 다른 사람도 참석시키는 게 좋습니다. 효율을 중시하는 비즈니스 현장에서는 과제에 관련된 전문가들을 적정한 규모로 모아 대화를 진행하는 것이 최선입니다.

참고로 그날의 과제나 테마를 잘 모르는 사람이나 타 부서 사람 등 다양한 인원을 모으는 것도 도움이 됩니다. 그들이 해당 분야의 전문가는 생각할 수 없는 참신한 질문이나 관점, 의견을 종종 제시하기 때문입니다. 어쩌면 엉뚱한 소리를 할지도 모르지만 소위 그런 이단아들에게서 논의의 기본 전제를 뒤집는 관점이 나옵니다.

여기서 제일 중요한 점은 철학씽킹이 '질문'에서 출발한다는 것입니다. 평범한 토론회나 아이디어 회의에는 '바람직한' 의견을 제시해야 한다는 전제가 처음부터 깔려 있습니다. 그래서 논리정연하게 말하는 사람이나 정론을 말하는 사람이 우위에 섭니다. 혹은 지위가 더 높은 사람의 발언에 더 큰 힘이 실리기 쉽습니다. 그러나 '질문'을 도출하는 철학씽킹에서는 그런 상하관계가 초기화되므로 대등한 대화가 가능합니다. 오히려 신입사원이나 평소에 잘 발언하지 못했던 사람이 참신한 질문을 던질 때가 많습니다.

획기적인 아이디어를 찾고 팀원의 참여도를 높이고 싶다면 생뚱맞은 말을 해도 상관없는 분위기, 즉 지적으로 안전한 환경을 만드는 것이 중요합니다.

지금까지 대면으로 진행할 때를 상정하여 설명했는데 온라인으로 진행할 때도 기본은 똑같습니다. 철학씽킹은 대화로만 진행되므로 온라인 환경에서도 잘 맞습니다. 또한 온라인으로 진행하면 전국 어디서나 참가할 수 있다는 것이 장점입니다. 실제로 해외 거주자도 철학씽커 양성 강좌를 수강하고 있습니다.

0단계　테마 설정 및 시간·장소·참가자 설계(자리 설계)

- 대형은 원형으로 참가자끼리 팔이 닿지 않을 만큼 거리를 띄운다.
- 속성이 비슷한 사람, 발언력 강한 사람들을 분산시킨다.

상하관계와 상관없이 발언하기
쉬운 분위기를 만든다

1단계　질문 수립(5분), 적응 단계라면 5~6개로 제한

○○(테마)에 관한 대답 말고 질문을 해주세요. 평소에 궁금했던 것이나 엉뚱한 이야기도 괜찮습니다.

- 퍼실리테이터는 이때 나온 질문을 메모한다.

2단계　질문 정리(5분)

이번에는 비슷한 질문끼리 묶어서 정리해 봅시다.

- 1단계의 질문을 읽어 주고 유사한 질문끼리 묶도록 한다.
- 구체적 사례가 나오기 쉬운 질문에서부터 과제 해결에 근접한 질문으로 차례차례 진행한다.

3단계 논의 구성과 관점 전환(20분 + 20분)

적응 단계에서는 질문그룹 두 개만

이번에는 ○○라는 질문(2단계에서 정리한 질문)에 관한 추가 질문이나 의견을
제시해 봅시다. 그리고 '왜 그렇게 말할 수 있었는가?', '○○는 어떤 의미인가?',
'만약 ○○라면 어떻게 될까?', '예로는 무엇이 있는가?'라고 서로 물어봅시다.

- 논의를 기록하고 중요한 논점과 통찰을 표시한다.
- 대화를 되짚어 정리하거나 다른 관점으로 대화를 점검한다.
- 참가자가 볼 수 있는 화이트보드 등에는 기록하지 않는다.

각자의 머릿속에 있는 이야기를 중시한다

4단계 핵심적, 혁신적 질문 및 본질 발견(10분)

지금까지의 논의를 돌아보고 어떤 발견과 깨달음을 새로 얻었는지 말해 봅시다.
대답이 아니라 질문이어도 괜찮습니다.

- 논의의 분기점이나 키워드를 지적한다.

워크숍 실시

이제 드디어 워크숍 당일입니다. 퍼실리테이터는 철학 레코딩을 실시합니다. 따라서 백지 몇 장과 필기구, 디지털 녹음기 등을 가져가는 게 좋습니다.

우선 진행 장소에는 의자를 원형으로 배치합니다. 팬데믹 시기에는 간격을 일정하게 두어야 했지만 참가자끼리 너무 멀리 떨어져 있으면 목소리가 들리지 않거나 집중력이 떨어지기 쉬우므로 어느 정도 가깝게 배치하는 것이 좋습니다.

포인트는 발언력 있는 사람들을 분산시키는 것입니다. 회의실 같은 곳에는 상석, 말석이 있어서 상석에 상급 관리직이 앉게 되는데, 그러면 자연스럽게 상하관계가 형성되므로 좋지 않습니다. 결재권자 등 힘 있는 사람의 의지가 확고하면 다른 참가자들도 의식이 그쪽으로 쏠리거나 통제당하는 기분이 들 것입니다. 그런 환경에서 힘이 약한 사람은 자발적, 주체적으로 발언하기 어렵습니다.

그러므로 철학씽킹 워크숍에는 상석, 말석이 없는 원형이 적합합니다. 그리고 상급자를 분산시켜서 참가자들이 특정한 방향에 의식을 집중하지 않도록 합니다. 부서나 성별, 나이가 비슷한 사람이 한 곳에 뭉치지 않도록 하는 것도 중요합니다. 인사부, 홍보부 등이 부서별로 뭉쳐 있으면 대화가 팀 대항전으로 흘러갈 수도 있습니다.

모두 착석한 후 워크숍의 취지와 테마, 대화 진행 방법 등 개요를 전달하면 드디어 대화가 시작됩니다. 대화의 일원이 되었다는 기분을 느끼게 하고 의견을 내기 쉬운 분위기를 만들기 위해 가능하면 자기소개나 아이스 브레이킹을 거친 후 본격적인 대화를 시작합니다.

1단계 질문 수립

정해진 테마에 관해 '의견이나 답이 아닌 질문을 열거해 보자'라고 제안하면서 대화를 시작합니다. 이때 '어떤 질문이든 괜찮다', '모두 쉽게 이해할 수 있도록 질문을 간결하고 명확하게 만들면 더 좋다'라고 안내하면 됩니다.

앞서 말했듯이 질문을 활용하면 과제나 테마의 전제를 뒤집거나 의외의 관점을 획득하기 쉽습니다. 또 사고의 편견에서 해방되므로 참가자의 창조성도 최대로 발휘됩니다.

퍼실리테이터는 참가자가 제시한 질문을 종이에 메모합니다. 한편 참가자는 원칙적으로 필기하지 않습니다. 질문을 구두로 공유해야 다른 사람도 자극을 받아 질문을 제시하기 쉬워지고 '아 정말 그렇네'라고 공감되는 질문이 나올 때마다 대화 분위기도 무르익기 때문입니다. 필기를 하다보면 모두 말없이 적느라 못 듣고 놓치는 부분이 생겨서 중복되는 질문이 나올 수 있습니다.

또 전원의 질문을 공유하는데 따로 시간을 할애해야 합니다. 화이트보드도 딱히 필요 없습니다. 테마나 질문을 판서할 때도 있지만 퍼실리테이터가 구두로 읽어주며 공유하는 정도면 충분합니다. 다만 3단계 이후의 대화 내용은 판서하지 말아야 합니다. 모처럼 각자가 머릿속에 자신만의 이미지를 그리면서 대화하고 있는데 화이트보드에 가시화해 버리면 모두가 같은 이미지를 상상하게 되어 다양성이 사라지기 때문입니다. 철학 레코딩은 어디까지나 퍼실리테이터 혼자만 볼 수 있는 형태로 작성합니다.

2단계 질문 정리

비슷한 질문을 그룹으로 묶고 각 그룹에 무엇에 관한 질문이 모여 있는지 명시합니다. 기본적인 방법은 개인으로 진행할 때와 마찬가지지만 대화 형식에서는 다른 참가자와 협력해서 진행합니다.

앞서 말했듯 이 단계는 각 질문을 돌아보는 단계이기도 하고 3단계에서 대화를 심화하기 위해 준비하는 단계이기도 합니다. 따라서 퍼실리테이터는 질문을 몇몇 그룹으로 정리한 후 대화의 순서를 정합니다. 원칙적으로 구체적인 사례가 나오기 쉬운 질문에서 시작해서 본질적인 질문 순서로 나아가면 되는데 무엇이 본질적인 질문인지는 프로젝트의 목적에 따라 달라집니다.

예를 들어 대화의 목적이 '비전 구축', '콘셉트 결정'이라면 '정의'에 관한 질문을 후반에 다루어 모든 팀원이 본질을 파고들며 생각을 공유하도록 합니다.

기업인을 대상으로 철학씽킹을 진행하다 보면 '이 단어의 정의를 확인해야 대화가 가능하다' 또는 '검색하니 사전에 이렇게 정의되어 있다'라는 발언이 종종 나옵니다. 그러나 'ㅇㅇ란 무엇인가?'를 처음부터 캐물으며 언어화하는 것이 철학씽킹입니다. 그러므로 테마의 본질을 참가자가 수긍할 만한 형태로 밝히기 위해 오히려 처음에 구체적인 경험을 바탕으로 대화할 수 있는 질문들을 다루는 게 좋습니다.

이 과정을 통해 현실에 입각한 다양한 관점을 획득한 후에 비전 및 콘셉트 책정·공유에 도움이 될 만한 '정의'나 '의미' 등의 질문그룹을 다루면 됩니다. 다만 목적이 다르면 원칙도 달라집니다. 예를 들어 사용자가 어떨 때 상품을 구매하는지에 대한 이해를 심화하기 위해 마케팅 조사를 진행한다면 '때와 장소, 조건, 가치'에 관한 질문을 후반에 다루어 '어떨 때 어떤 가치를 느껴서 사는가?'를 알아내는 게 효과적입니다.

한편 다른 미용용품 조사에서는 '아름다움이란 무엇인가?'보다 '어떨 때 아름다움을 느끼는가?'를 알고 싶을 수도 있습니다. 학술로서의 철학_{미학}에는 '아름다움이란 무엇인가?'가 근본적인 문제지만 사업적인 측면에서는 '어떨 때 아름다움을 느끼는가?'가 본질적 질문이기 때문입니다.

3단계 논의 구성과 관점 전환

질문그룹을 정리하고 대화 순서를 정했다면 첫 번째 그룹의 질문에 관해 대화를 시작합니다. 이때 퍼실리테이터는 다음과 같은 질문 패턴을 염두에 두고 철학씽킹 기법을 활용하여 참가자끼리 서로 질문하도록 돕습니다.

"왜 그렇게 말할 수 있죠? 정말로 그런가요?"

"○○는 어떤 의미일까요?"

"만약 ○○라면 어떻게 될까요? 다른 관점에서 생각한다면?"

"구체적인 사례로는 무엇이 있죠? 반례는 없나요?"

"○○와의 관계는? ○○와의 차이는?"

"논점과 핵심은 무엇입니까?"

참가자는 3단계부터 자신의 의견과 주장, 추가 질문을 제시하면서 대화에 참여합니다. 그러나 그렇게만 하면 대화가 계속 넓어지기만 하고 정리되지 않거나 모두가 의견을 내기만 하고 끝날 수 있습니다. 따라서 퍼실리테이터가 철학 레코딩으로 대화의 흐름을 메모하면서 관점을 다른 방향으로 돌리거나 근거와 의미를 물어야 합니다. 그러다 보면 각각의 발언이 선으로 연결되므로 서서히 대립과 통합을 통해 대화에 느슨한 체계성과 구조를 형성할 수 있습니다.

그리고 논의할 여지가 어느 정도 줄어들면 다음 질문그룹으로 넘어가서 다시 대화를 시작합니다. 이런 과정을 거쳐 하나의 테마를 여러 관점으로 생각할 수 있습니다.

이때 퍼실리테이터는 이전 질문그룹에서 나온 의견과 질문을 살펴보며 교차하는 논점을 적당히 제시해야 합니다. 때로는 본론에서 벗어난 질문이나 의견을 다른 질문그룹으로 재배치한 것이 복선이 되어 참신한 깨달음을 주기도 합니다.

첫 번째 질문그룹에서 당연하게 여겼던 전제가 뒤집히기도 하는데 이것이야말로 철학씽킹에 좋은 기회입니다. [도표18]에서처럼 원래의 대전제를 뒤집어서 논의 체계를 재구축하면 새로운 의미 맥락이 생겨나기 때문입니다.

4단계 핵심적, 혁신적 질문 및 본질 발견

마지막으로 퍼실리테이터가 철학 레코딩에 기록된 대화 내용을 정리해서 구두로 공유합니다. 그런 다음 참가자들이 어떤 깨달음이나 질문을 새롭게 발견했는지 발언하게 합니다.

대화 내용을 정리할 때는 되도록 3단계에서 다룬 질문그룹의 경계를 넘나들며 키워드와 논점에 주목합니다. 이렇게 서로 관점이 다른 질문그룹을 한꺼번에 다루며 대화 전체를 복기하면 하나의 그룹을 놓고 대화할 때는 보이지 않았던 새로운 통찰이나 질문을 발견할 수 있습니다.

팀 전체에 공통된 견해가 나왔다면 비전과 콘셉트가 공유된 셈입니다. 한편 대화에 등장한 각각의 견해는 아이디어의 씨앗이 되거나 워크숍 이후에도 각자 생각을 계속하는 계기가 됩니다. 이때 중요한 점은 반드시 결론이나 답을 낼 필요가 없다는 것입니다. 대화를 통해 새로운 질문과 과제를 찾아낸 것 자체가 철학씽킹의 성과입니다. 덕분에 과제에서 심오한 원인을 찾아내고 더 적절한 과제를 설정할 수 있게 되었기 때문입니다.

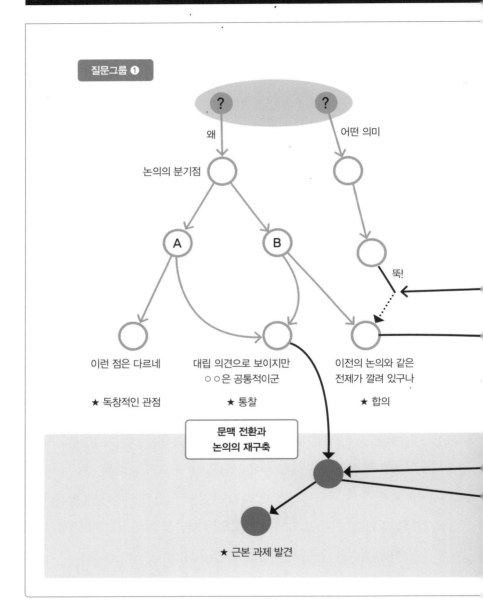

질문그룹 ❶

왜

어떤 의미

논의의 분기점

A

B

뚝!

이런 점은 다르네

★ 독창적인 관점

대립 의견으로 보이지만
○○은 공통적이군

★ 통찰

이전의 논의와 같은
전제가 깔려 있구나

★ 합의

문맥 전환과
논의의 재구축

★ 근본 과제 발견

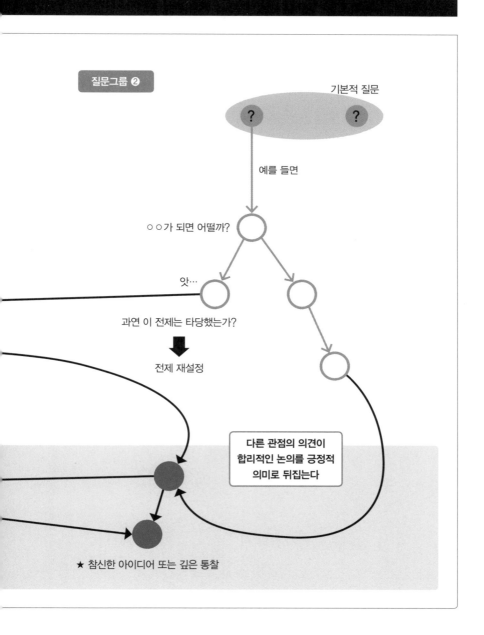

질문그룹 ❷

기본적 질문

?   ?

예를 들면

○○가 되면 어떨까?

앗…

과연 이 전제는 타당했는가?

전제 재설정

다른 관점의 의견이
합리적인 논의를 긍정적
의미로 뒤집는다

★ 참신한 아이디어 또는 깊은 통찰

··· 워크숍 후에 할 일

　퍼실리테이터는 워크숍이 끝난 후 필요에 따라 회의록이나 분석 보고서를 작성하여 팀이나 조직에 공유합니다. 그러면 팀이나 조직이 과제를 더욱 깊이 이해하게 되고 대화에서는 발견하지 못한 새로운 깨달음이나 질문을 발견할 수 있습니다. 그 분석 보고서를 참고하여 다른 테마를 검토하고 다음번 철학씽킹을 기획할 수도 있습니다.

　다음 장에서는 실제 사례를 소개할 텐데, 제 책《'과제 발견'의 최종 도구 철학씽킹「課題発見」の究極ツール 哲学シンキング》에서도 이 사례들을 이야기 형식으로 풀어내며 구체적인 기법을 설명했으니 더 자세한 정보가 필요하다면 참고하시길 바랍니다.[22]

'철학 대화'를 이미 경험한 독자도 있을 것입니다. 철학 대화는 주로 학교 등 교육기관이나 시민이 모이는 길거리 카페 등에서 다양한 테마로 진행되고 있습니다. 이 철학 대화와 철학씽킹이 비슷해 보일 수 있지만 그 이념도 방법도 전혀 다릅니다.

철학 대화에서는 참가자들이 질문을 제안하고 다수결로 논의할 질문을 정한 뒤 선택된 질문에 관해 대화를 진행합니다. 여기서는 특정 과제의 해결이나 목적 달성보다 자유로운 대화를 중시합니다. 한편 철학씽킹은 제가 집필하는 철학 논문의 목차, 철학적 논의에 활용하는 사고 기법을 기반으로 고안한 것으로, 진행 도중에 대화 내용을 수시로 정리하거나 합의를 형성하고 결론을 내기도 합니다. 철학 대화에서는 참가자의 다수결로 질문을 정하므로 과제와는 무관한 질문이 선택될 수 있습니다. 한편 철학씽킹에서는 2단계에서 질문을 그룹화한 후 과제나 워크숍 설계를 잘 이해하는 퍼실리테이터가 대화 순서를 정합니다. 논문의 구성을 참고하여 어떤 순서로 논의를 전개할지 결정하고 순서별로 다룰 질문그룹을 선정합니다.

대화 진행의 양상도 다릅니다. 철학 대화에서는 대화가 비체계적으로 이어지며 계속 확산되기 쉽지만 철학씽킹에서는 3단계 이후 확산과 수렴을 반복하며 논의가 체계적으로 정리됩니다. 특히 의도적인 관점 전환을 통해 근본적인 과제나 통찰을 찾아내는 기법은 철학씽킹에만 존재합니다.

저는 두 가지 기법을 목적과 상황에 따라 사용합니다. 비즈니스 현장에서는 주로 철학씽킹을 활용하고 학생을 교육할 때나 사회인이 자유롭게 대화하는 곳에서는 철학 대화를 활용합니다. 이직을 준비하는 사람들을 대상으로 '이직할 때 중시해야 할 것'에 관한 철학 대화를 진행한 적도 있습니다. 철학 대화와 철학씽킹의 장단점을 이해하고 목적에 따라 적합한 기법을 활용합시다.

哲學
思考

PHILOSOPH

PART 3

철학씽킹을 도입한
기업의 사례

이번 장에서는 비즈니스 현장에 철학씽킹을 어떻게 도입할지, 그리고 철학씽킹으로 어떤 변화와 성과를 기대할 수 있는지 이야기하며, 기업의 실제 적용 사례를 소개하겠습니다.

다음에 소개할 사례를 참고하여 독자 여러분도 철학씽킹을 일상 업무에 도입해 보시길 바랍니다. 우선 우리 회사의 고객인 '니혼덴세츠공업(日本電設)'의 적용 사례를 소개하고, 철학씽커로도 활약 중인 세 분의 사례를 소개하겠습니다.

Y THINKING

니혼덴세츠공업

● ● ●

사내 대화 문화를 시스템화하다

니혼덴세츠공업 주식회사는 1942년 설립된 철도 전기설비공사 전문기업이다. 현재
는 일반 전기공사와 정보통신 공업까지 폭넓은 분야에서 사업을 전개하고 있다.
일본 전국의 신칸센(新幹線), 재래선, 지하철, 모노레일 등 다양한 철도 전기설비공
사를 비롯하여 철도역사, 전국 각지의 대형 상업시설, 사무용 건물, 관공서, 의료시
설, 교육기관, 공항, 고속도로 등 다양한 시설의 건설 및 보수 작업을 진행하고 있다.

업무 개혁과 여성 활약 추진이란 무엇인가

2019년 이후 우리 회사가 받은 '업무 개혁' 추진 의뢰의 실제 사례를 소개하겠습니다.

처음에 전달받은 과제는 '일하기 좋은 직장 실현'과 '여성 활약 추진'이었습니다. 당시 이 회사는 직원들의 유급휴가 사용률이 낮고 이직률이 높아서 고민하고 있었습니다. 또한 여성 관리직 육성을 위해 여성들의 주체성과 출세욕을 강화할 방법을 찾는 중이었습니다.

그래서 유급휴가를 장려하고 사내 포스터와 사보로 홍보하며 여성이 육아휴직을 쓰기 편하게 했습니다. 여성들이 회의에서 더 적극적으로 발언하게 하려고 여직원들을 모아 토론연수를 진행하기도 했습니다. 그러나 이런 시책이 일하기 좋은 직장을 만들고 여성 활약을 촉진하는데 얼마나 효과적인지 확신이 들지 않았고, 실제 효과도 충분하지 않아서 우리 회사에 컨설팅을 의뢰한 것이었습니다. 함께 일하던 직원이 이직하는 것은 회사 입장에서도 큰 손실이므로 이직을 최대한 방지하면서 여성이 관리직으로 활약할 수 있는 회사로 변모하겠다는 것이 명확한 방침이었습니다.

이렇게 과제를 파악한 후 '과연 업무 개혁이란 무엇인가?', '여성 활약이란 무엇인가?', 나아가 '휴식이란 무엇인가?' 등의 테마로 여러 차례 워크숍을 실시하면서 철학씽킹 프로젝트를 진행했습니다.

1단계에서 나온 질문들은 다음과 같습니다.

업무 개혁에 관한 질문(일부 발췌)

1. 업무 개혁의 목표는 무엇인가?

2. 업무 개혁의 방식은 사람에 따라 달라지는가?

3. 휴식을 늘리는 것을 업무 개혁이라 할 수 있는가?

4. 업무 개혁은 정말 행복을 가져다주는가? 과연 행복이란 무엇인가?

5. 업무 개혁에 소외되는 사람에게는 무엇을 해줄 수 있을까?

여성 활약에 관한 질문(일부 발췌)

1. 승진하는 것이 곧 활약인가?

2. 남성의 활약과 여성의 활약은 같은가? 다른가?

3. 여성의 활약이 남성의 업무에 영향을 미치는가?

4. 과연 어떻게 하면 활약하게 될까? 본인이 결심하면 되는가?

휴식이란 무엇인가에 관한 질문(일부 발췌)

1. 어떤 상태를 '휴식'이라고 하는가? 신체적 휴식? 정신적 휴식?

2. 사람은 왜 쉬는가?

3. 휴가를 쓰면 정말 휴식할 수 있는가?

4. 애초에 왜 휴식해야 하는가?

이것은 질문 중 일부에 불과하며 실제 질문은 훨씬 다양했습니다. 철학씽킹은 이렇게 다양한 관점을 내포한 질문으로 주제를 파고들어 오해나 편견을 배제하고 본질적인 과제를 찾아내며 질문자가 지향하는 상태를 언어화 합니다.

본심 소통의 필요성 확인과 여성 활약상 점검

우리는 이 질문들을 그룹으로 정리하고 논의를 구성하며 관점을 전환하는 등, 앞서 설명한 단계를 따라 대화하고 질문을 심화하면서 좀 더 본질적인 과제를 찾아 나갔습니다.

그 결과 "유급휴가 장려정책으로 휴가를 쓸 수 있다고 해도 상사와 동료가 현장에 있는데 혼자 쉬기가 어렵다"라는 의견이 나왔습니다. 팀으로 일하다 보니 자리를 비우는 일에 부담을 느낀다는 것입니다. 반면 많은 사람들이 "동료나 부하가 기회가 될 때 쉬면 좋겠다"라고 생각하고 있었습니다. 그리고 "상사가 아무리 쉬라고 말해도 본인이 솔선수범하여 쉬지 않으면 부하가 쉬기 어렵다"라고도 했습니다.

직원들이 휴식을 잘 취하지 못하는 것은 회사 측도 알고 있었지만 쉴 기회가 생겨도 서로를 배려하느라 아무도 쉬지 못하는 분위기가 만들어졌다는 것이 이때 밝혀졌습니다. 여기에서 '본심을 터놓고 이야기하지 못한다'라는 과제가 도출되었습니다.

여성의 활약에 관해서도 많은 의견이 나왔습니다. "여성의 육아휴직 신청률이 최근 100% 상승하여 충분히 만족하고 있다"라는 의견도 나왔지만 "진짜 여성 활약은 남녀가 육아를 함께 부담해야 달성할 수 있을 것이다"라는 추가적 의견도 나왔습니다. 또한 "남성의 육아를 지원하는 기업이 있다면 그곳에서 계속 일하고 싶다"는 의견도 나왔습니다.

해결책 사내 철학씽커 육성과 시스템 정비

이처럼 새로운 질문과 의견을 나누다 보니 진짜 과제와 해결책이 명확해졌습니다.

회사는 그때까지 여성 대상 연수나 육아휴직 신청률 상승을 위한 시책을 시행했으나 오히려 본심을 터놓을 수 있는 소통의 기회가 필요했다는 사실이 밝혀진 것입니다. 또 "남녀가 함께 이상적인 활약상이 무엇이고 일하기 좋은 직장은 어떤 곳인지 대화하며 고민할 기회를 만들어야 한다"는 의견이 새로운 과제로 설정되었습니다. 그래서 여직원들에게 퍼실리테이트 기법을 가르쳐 워크숍을 주도하게 하자는 아이디어가 나왔습니다.

처음에는 우리 직원이 퍼실리테이팅을 맡아 참가자들이 자발적 사고를 단련하도록 하는 연수를 진행할 계획이었으나, 새로운 아이디어를 채용하여 고객사 직원들이 퍼실리테이팅을 맡아 관리직 업무를 미리 체험하면서 관리직에 필요한 경청의 자세나 토론 진행 능력을 함양하는 것으로 계획을 바꾸었습니다.

연수 테마도 '이상적인 활약상'과 '스트레스' 등으로 정하여 모두가 마음을 터놓고 부서나 직위의 경계를 초월하여 대화하도록 했습니다. 평소 업무 시간에 다루기 어려운 테마를 놓고 대화하는 자리를 정기적으로 마련하여 다른 부서나 세대 간 소통의 활성화, 참여도 향상을 꾀하려 한 것입니다. '육아휴직'에 관해 이야기하다가 "남성 직원들도 대부분 육아휴직을 사용하고 싶어 한다"라는 사실을 알고 "남성도 속으로는 같은 생각을 하는구나"라고 안심했다는 여성 직원도 있었습니다.

이처럼 퍼실리테이터가 대화에서 도출된 과제를 분석하거나 개선책을 제안하는 시스템이 정착되면 직원들의 의견이 상향식으로 조직에 반영될 수 있습니다.

현재 우리 회사는 자문 역할을 하며 결과 분석을 돕고 개선책에 관한 조언을 전달하고 있습니다. 곁에서 지켜보니 선배 퍼실리테이터가 후배 퍼실리테이터를 지도하고 모두가 자율적으로 대화하며 사고하는 시스템이 순조롭게 만들어지고 있습니다.

...

성과 주체성 향상과 조직의 자기 변혁

시스템을 구축하려는 노력은 구체적인 열매를 맺었습니다.

철학씽킹 워크숍에 참가하기만 해도 깊이 사고하는 훈련을 하게 되지만 특히 퍼실리테이팅을 맡은 사람은 주체적으로 참가자의 발언을 파악하거나 논의를 정리해야 합니다. 따라서 일반 회의에서는 거의 발언하지 않았던 사람도 워크숍 중에는 물론이고 워크숍이 끝난 후 만남의 자리에서도 과감하게 자신의 분석 결과와 견해를 말하기 시작했습니다.

이런 극적인 변화에 인사부가 제일 놀랐습니다. 그래서 "여성들의 노력이 부족했던 것이 아니라 우리가 지금까지 활약할 기회를

[도표19] 업무 개혁의 추진(일하기 좋은 일터 실현과 여성 활약 추진 등)

문제점
- 현장의 인원을 배려하여 휴식을 취하지 못하거나 이직하는 사람이 있다.
- 회의에서 적극적으로 발언하지 않는 여성의 발언 의욕을 높이고 여성 관리직을 늘리려면 어떻게 해야 할까?

기존 시책
- 유급휴가를 장려하고 사내 포스터와 사보로 홍보한다.
- 여성이 육아휴직을 쓰기 편하게 하고, 회의 등에서 적극적으로 발언할 수 있도록 연수를 진행한다.

과제
- 기존 시책이 일하기 좋은 일터 만들기, 여성 활약 촉진에 효과적인지 알 수 없고 실제로도 효과가 부족하다.

철학씽킹

진정한 과제
- 쉴 수 있는 기회가 와도 서로를 배려하느라 쉬지 못한다.
- 속으로는 서로가 쉴 수 있을 때 쉬면 좋겠다고 생각한다.
    - **→ 본심 소통 부족**
- 진정한 여성 활약은 남녀가 함께 육아를 담당할 때 달성되지 않을까? 따라서 남녀가 함께 활약하는 모델을 생각하면 좋겠다.
- 의욕을 내서 관리직으로 승격하라고 요구받지만 내가 관리직으로 일하는 모습을 상상하기 어렵다. 그러나 팀이나 프로젝트를 이끄는 여성 관리직은 이상적이다.
    - **→ 남녀가 함께 활약하는 모델을 실현하기 위한 대화의 기회 마련**
        남성의 육아휴직 신청률 상승
        관리직 간접체험이 가능한 퍼실리테이터 연수

새로운 시책
- 사내 여성 직원을 퍼실리테이터로 양성하며 '일하기 좋은 일터'와 '여성의 활약상'을 남녀가 함께 생각하는 대화 시스템을 구축한다.
- 대화 결과를 조직에 반영시키는 시스템을 만들고, 비전 기술서 또는 전사적 대화 워크숍을 통해 합의된 의견을 전 직원에게 침투시킨다.

제공하지 못했을 뿐이다"라고 말하며 "앞으로는 퍼실리테이터의 활약을 지원하겠다", "우리부터 변해야 한다"라고 다짐했습니다.

회사 전체로서도 큰 변화가 있었습니다. 부서나 지사 간의 경계를 넘어 일상 업무 개선에 활용할 수 있는 형태로 대화 문화를 정착한 결과 퍼실리테이터라는 새로운 활약의 기회가 여성들에게도 주어진 것입니다. 그뿐만 아니라 남녀가 함께 활약하는 모델을 구축하는 방향으로 방침이 바뀌었으므로 이후에는 남성 퍼실리테이터도 함께 양성하여 성평등을 실현할 수 있게 되었습니다.

2019년에 1.6%에 불과했던 남성 육아휴직 신청률도 2022년에 37.2%_{육아 목적의 휴가 신청 포함}로 높아졌습니다.

조직력과 잠재력

회사가 '일하기 좋은 일터를 만들겠다', '모든 직원이 활약하는 회사를 만들겠다'라고 생각한다면 그런 이상적인 조직을 지향하기 위해 회사와 직원의 생각을 일치시켜야 합니다. 이것이 1장에서 설명한 '정말 좋은 것'을 추구하는 길이자, 기업이 품은 잠재력을 살리는 길입니다.

사례에 등장한 기업은 과제에 관해 사내에서 철학적으로 대화할 기회를 만들었을 뿐만 아니라 그것을 시스템으로 정착시켜 직원들 사이의 본심 소통을 활성화하고 여성이 활약할 무대를 만들었습니다. 이 시책이 원래 실력을 발휘하지 못했던 사람의 잠재력을 끌어냈습니다.

이처럼 개인의 의욕을 고취하고 행동을 변화시키는데 그 사람을 둘러싼 환경과 기회를 바꾸는 방법이 최선일 때가 있습니다. 그런데 같은 말을 쓰면서도 각자 다르게 이해하는 일이 흔합니다. ESG나 SDGs를 지향하며 일하기 좋은 일터를 실현하려고 하고 여성 관리직이나 임원을 늘리겠다고 말하는 기업이 많지만 과연 본질을 제대로 파악하고 있는지 철학적으로 따져 보아야 합니다.

여성 관리직과 임원의 숫자를 늘렸다고 해도 그들 대부분이 사적인 삶을 희생했거나 억지로 임원이나 관리직이 되었다면 여성 활약 추진에 성공했다고 말할 수 없습니다. 사회적 과제에 도전하더라도 과제를 오인하고 있다면 진짜 문제를 해결할 수 없습니다.

여기서 소개한 성과는 극히 일부에 불과합니다. 그러나 현재 이 기업은 사장 이하 임원들과 경영기획본부가 협력하여 철학씽킹을 내면화 단계까지 추진한 결과 전 직원이 자사의 존재 의의_{목적의식}와 경영이념을 자기 것처럼 느끼게 되었습니다. 이처럼 표층적 사고가 아닌 심오한 철학적 사고를 통해 자사의 매력과 존재 의의를 공유하면 직원이 회사 일에 더욱 적극적으로 참여하게 되고 자기 일에도 자부심과 사명감으로 임하게 됩니다. 요즘 사회 이슈인 '웰빙'이나 '일하는 보람'도 표층적인 해결책이 아니라 철학적 수준까지 파고드는 본질적 시도를 통해서만 실현될 것입니다.

세일즈포스 재팬,
히라츠카 히로아키(平塚博章) 수석 비즈니스 설계자
• • •

사물의 본질을 파악해
새로운 관점과 가치를 창출하다

히라츠카 히로아키는 1999년부터 히타치(日立)그룹에서 IT 컨설팅 업무를 담당했으며, 2006년부터는 일본 IBM에서 세계적 대기업들의 업무 개혁 및 혁신 지원 업무를 수행했다. 2022년부터 세일즈포스 재팬에 재직하며 기업 측과 함께 비즈니스를 설계할 뿐만 아니라 인재 및 조직의 업무 패턴을 '의식 → 행동 → 결과'로 개혁하는 데 일조하고 있다.

참신한 사고법의 체험

기업은 주로 '문제 발견과 해결'이 아니면 '새로운 가치 창출'을 희망합니다. 저는 그들의 희망에 따라 '개인과 조직이 IT 등 첨단 기술을 실천하면서 계속 진화하게 하려면 무엇이 필요할까?'라는 문제의식 아래 개인과 조직의 '의식 → 행동 → 결과'로의 변화를 촉진하는 '의식 변화에 따른 행동 변화'를 추진하고 있습니다. 즉 '이해방식과 사고방식이 달라지면 행동이 달라지고 행동이 달라지면 가치와 성과가 달라지므로 행동의 변화가 결과를 바꾼다'라는 생각에 기반하여 컨설팅을 진행합니다.

한편 컨설턴트로서 '숨은 통찰_{잠재된 중요한 문제, 가치, 관점 등}'을 발견하기 위한 사고법을 계속 탐색하고 탐구하며 실천적 기법을 개발하여 비즈니스에 활용하고 있습니다. 따라서 '기대 이상의 새로운 가치를 재현성 높게 창출하는 방법을 찾는다'라는 테마 아래 '현장 행동의 관찰', '대화 및 체험을 통해 본인만 깨닫지 못하는 숨은 통찰 찾기' 등 다양한 방법을 시도해 왔습니다. 그러나 '세계관을 확장하고 재현성을 높이는 방법'이 아직은 체계화되어 있지 않은 데다 현존하는 사고법과 기법만을 활용해서는 한계가 있다고 느꼈습니다.

그런 중에 롯폰기 아카데미 힐즈에서 〈철학씽킹 : 디자인 사고를 넘어〉라는 세미나가 열린다는 소식을 들었습니다. 저는 당시에 디자인 사고를 꾸준히 실천하고 지도하고 있었으므로 "디자인 사고를 넘는다"라는 문구가 매우 인상적이었습니다. 처음에는 반신

반의한 마음으로 세미나에 참가를 했습니다. 그러나 철학씽킹을 실제로 체험해 보니 확실히 다른 사고법과는 접근 방식이 달랐습니다. 기존 사고법의 한계를 훌쩍 뛰어넘는 경쟁력이 있다고 생각했습니다. 심지어 철학씽킹은 디자인 사고 등 다양한 사고법 또는 기법과 보완관계에 있었습니다.

디자인 사고에서는 다루지 않는 '세계관 확장 방법'과 '본질 포착 방법'도 명확히 체험할 수 있었습니다. 역시 사고방식과 접근방식이 달라지면 이해하는 방식과 행동방식도 달라진다는 것을 알았습니다. 그래서 지금 저는 철학씽킹을 프로젝트, 컨설팅, 고객과의 소통, 코칭에서뿐만 아니라 일상에서도 활용하고 있습니다.

숨겨진 통찰의 발굴과 구조화

저는 실제로 고객사와 함께 철학씽킹을 활용하여 숨겨진 통찰을 발굴하고 그것을 구조화하여 쉽게 재현하도록 하는 데 성공한 적이 있습니다. 고객사는 은행, 신용카드, 보험 등 다양한 사업을 전개하는 대형 금융그룹이었고 이 기업의 과제는 '그룹의 시너지를 강화하는 것'이었습니다. 은행은 고객이 돈을 은행계좌에 예금할 뿐만 아니라 자산 형성에도 관심을 기울여 신용카드 이용으로 쌓은 포인트를 자산 형성을 위한 투자에 쓰기를 바랐습니다. 또 현금 없는 금융거래도 실현하고 싶다고 했습니다. 그래서 스마트폰

애플리케이션 또는 웹서비스를 통해 그룹 전체의 서비스 이용을 늘리고 고객의 충성도를 높이려 했습니다.

그때 문제 해결의 실마리로 제시된 '아깝다'라는 말을 철학씽킹으로 파고들었더니 다양한 아이디어가 나왔습니다. 이전에는 단발성 아이디어밖에 나오지 않았습니다. 예를 들어 '서비스에 가입하면 500포인트 증정'처럼 고객에게 이익을 주는 시책만 생각한 것입니다. 그러나 포인트 증정 행사는 포인트 사냥꾼들의 먹이가 될 뿐 실제 사용자를 늘리지는 못했습니다.

하지만 '아깝다'라는 개념을 활용한 접근법은 기존 사용자를 대상으로 하므로 신규 사용자를 신경 쓸 필요도 없습니다. 저는 '아깝다'라는 개념을 구조화하여 [도표20]처럼 분해했습니다.

그래서 명세서를 종이로 받는 사람에게는 소액의 수수료를 받는 등 '페널티'를 부과하기로 했습니다. 또는 '무려 27,000포인트가 이후 몇 개월 안에 사라집니다', '1주일 후에 스탬프 카드가 사라집니다. 스탬프를 10개 찍으면 수수료를 할인받을 수 있는데도 7개까지 찍고 방치하셨군요. 3개만 더 찍으면 10개 달성인데 아깝지 않나요?'라는 식으로 '아깝다'라는 사실을 호소했습니다.

인간은 이익을 얻는 일보다 불이익을 회피하는 일에 적극적입니다. "이익을 보고 싶다"라는 감정보다 "손해 보기 싫다"라는 감정이 인간의 생존본능을 강하게 자극하므로 구체적인 행동을 촉진하기 쉽습니다. 즉 '회원으로 가입하면 10% 할인해 드립니다'라는 이익을 호소하기보다 '이대로 두면 2만 원을 손해 보게 됩니다'라는 식

[도표20] '아깝다'라는 개념의 구성

아깝다고 느끼는 대상	본인	가족, 친구, 지인	
권리	이미 얻은 권리	앞으로 얻을 수 있는 권리	
이익의 변화	이익 감소	이익 소멸, 만료	페널티 발생
아깝다고 느끼는 사건의 발생 시기	과거	현재	미래
대응	회피 또는 대응 불가	지금 가능	향후 가능

+

전제 조건	가치 있다고 느낌	직접 행동하고 행사할 수 있음	희소성 있음 (○○ 한정)

으로 불이익을 강조해야 사람을 움직일 수 있습니다. 이 금융기업은 '손실 회피'라는 관점을 새로 발견한 것만으로도 큰 수확을 얻었을 것입니다.

'설레는 ○○'를 재현하려면

그러면 이런 통찰을 철학씽킹으로 어떻게 찾아내는지 그 구체적인 사례를 소개하겠습니다.

일전에 한 대기업의 의뢰로 '설레는 업무 방식이란 무엇인가?'를 논의한 적이 있습니다. 그 기업의 담당자는 임원에게 '설레는 업무 방식을 제안하라'라고 지시받았는데 기안을 올릴 때마다 '이게 아니다'라며 거절당했다고 합니다. 그래서 저는 그에게 '설렘이란 과연 어떤 감정인가?', '설렘의 재현성을 높이기 위한 구성 요소와 조건' 등을 다시 한 번 생각해 보자고 했습니다.

우리는 뜻을 다 아는 것처럼 '설렌다'라는 말을 씁니다. 하지만 사전에 나와 있는 표층적인 의미만으로는 설렘의 본질을 이해할 수 없습니다. 그러나 사람이 어떨 때, 어떤 조건이 충족될 때 설레는지 안다면 얼마든지 설레는 상황을 재현할 수 있을 것입니다.

그렇다면 설렘이란 과연 어떤 감정일까요? 어떤 사람은 "좋은 일이 일어날듯 하지만 전모가 보이지 않을 때 느끼는 감정"이라고 말했고, 또 어떤 사람은 "아직 경험하지 못한 일을 앞으로 경험할 수 있다는 기대감"이라고 말했습니다. 둘 다 맞는 말입니다. 그래서 조금 더 파고들어 생각해 보았습니다.

새로운 일을 경험할 때 설레는 기분이 드는 것은 사실입니다. 그런데 과연 새로운 일을 경험할 때만 설렐까요? 예를 들어 도쿄 디즈니랜드에 가봤던 사람이라도 다시 갈 때 설렘을 느낄 수 있습니다. 그것은 왜일까요?

철학씽킹의 핵심을 모아놓은 간략판 접근법에서는 다음과 같은 순서로 사고를 전개합니다.

❶ 어떨 때 설렘을 느끼는가? [1차 정보 = 개인적 실제 체험]

❷ 설렜을 때의 상황은? [상황]

❸ 그때 왜 설렜는가? [이유]

❹ 설레는 '때와 조건'은? [때와 조건]

❺ 설렘의 반대말은? [반대말]

❻ 설렘과 비슷한 말은? '두근거림'과는 무엇이 다른가? [유의어/차이/공통점]

❼ 설렘의 구성 요소는? [구성요소]

❽ '설렘'이란 말의 의미 요소는 10년 전과 달라졌는가? [변화 및 진화]

❾ ❶~❽을 기반으로 도출한 '설렘'의 정의는? [정의]

워크숍 등에서 철학씽킹을 실시할 때 저는 참가자의 개인적 체험이나 감각에 관한 질문부터 시작합니다. '예를 들어 ○○ 씨는 최근에 설렜던 적이 있습니까?'라고 물어보면 "취향에 딱 맞는 옷과 잡화가 진열된 가게를 발견했을 때 설렜다", "내가 제작에 참여한 상품이 완성되어 내 손에 들어왔을 때 설렜다" 등 다양한 의견이 나옵니다. 참가자 전원의 의견을 차례차례 듣고 다 함께 공유합니다. 이처럼 '나는 어떨 때 설레는가'라는 개인적 1차 정보를 공유하거나 상황을 상세히 들으면 감정이 잘 되살아날 것입니다.

우리는 '행동, 발언, 데이터' 등 겉으로 드러나는 요소를 중시하기 쉽지만 어떤 '체험'을 했을 때 어떤 '기분'이 들었는가 하는 '감정'도 고려하는게 좋습니다. 인간은 결국 감정으로 움직이는 존재니까요.

설렘이란 무엇인가?에 대한 '정의'는 이런 대화 끝에 마지막으로 당도하는 지점입니다. 우리는 종종 처음부터 정의를 찾으려 하지만 사전이나 인터넷에 실린 정의를 통찰로 간주하면 안 됩니다. 다른 기업도 찾을 수 있는 정보에는 가치가 없습니다. 우리의 내면에서 나온 답에만 의미가 있습니다.

'설렘이란 무엇인가?'라는 질문에 즉답할 수는 없습니다. 그러므로 더더욱 '의미 있는 우회'를 통해 곰곰이 생각하는 사고 과정이 중요합니다.

'설렘'의 유의어인 '두근거림'의 차이를 생각해 봐도 좋습니다.

"설렘은 좋은 기대에만 쓰이고 두근거림은 나쁜 기대에도 쓰이지 않나요. 종종 '설렘과 두근거림'이 한꺼번에 쓰이지만요."

"새로운 일을 경험할 때는 설레기도 하지만 두근거림이 더 강할 때가 있어요."

"가슴이 두근거릴 때는 불안 요소가 있는 것 같아요."

이런 의견이 나오면 저는 다시 이렇게 질문합니다.

"연애 중에는 어떨 때 두근거리고 어떨 때 설렐까요?"

그러면 이런 대답이 돌아옵니다.

"글쎄요. 설렘은 앞으로의 관계가 기대될 때, 두근거림은 직후에 어떤 일이 일어날지 모를 때 느끼는 감정 아닐까요?"

이 의견을 참조하면 설렘은 서로 사랑할 때, 두근거림은 상대의 마음을 아직 모를 때 느끼는 감정으로 정의할 수 있습니다.

더 깊이 생각하면 설렘은 지금 일어나는 일에 관한 감정이 아닙니다. 좋은 일이 일어날 듯한 미래를 상상할 때 느끼는 감정입니다. 따라서 '설렘이란 그 순간이 아니라 어떤 일이 일어난 후 그에 따라 계속 발생할 불확실한 긍정적인 사건에 대한 기대가치가 담긴 진행형 감정'이라고 정의할 수 있습니다. 즉 '설레는 ○○'이란 '○○를 보거나 체험하면 앞으로 이렇게 기쁜 일이 일어날 수 있다', '그렇게 즐거운 일도 일어날지 모른다'라는 기대를 품는 동시에 '나에게 부정적인 사건은 일어나지 않는다'라고 안심할 수 있을 때 생기는 감정입니다.

이런 서비스나 기능을 설계하면 '설레는 ○○'를 여러 번 재현할 수 있습니다.

이 결론을 고객에게 전달했더니 "지금까지 몇 번이나 임원에게 거절당했지만 이제 어떤 조건을 갖추면 되는지 알았으니 설레는 업무 방식을 구체적으로 설계할 수 있다"라며 기뻐했습니다.

이 고객이 그 후 어떤 식으로 '설레는 업무방식'을 설계했는지 모르지만 만약 저였다면 이런 시책을 제안했을 듯합니다.

온라인으로든 오프라인으로든 주 1회 회의가 열릴 때마다 고정 멤버 외에 스페셜 게스트를 초대하는 것입니다. 그러면 모두 '이번 게스트는 누구일까?'라고 설레지 않을까요? 혹은 동료들끼리 쓸 수 있는 라인 메신저의 스탬프를 만들어도 좋습니다. 제가 실제로 만들어본 결과 생각지 못한 다양한 사건이 일어났습니다. 라인 스탬프는 원래 자신이 보낸 것은 스마트폰 화면 오른쪽에 표시되고 받은 것은 왼쪽에 표시됩니다. 그런데 실제로 출시하고 보니 좌우가 바뀌어 있었던 것입니다. 이처럼 기대감을 불러일으키는 일 또는 뜻밖의 일이 벌어졌을 때 임기응변으로 대응하는 과정에서도 설렘을 느낄 수 있습니다.

숨 쉬듯 구사해야 할 포터블 스킬

철학씽킹은 매우 범용성 높은 사고법입니다. 그러므로 아무 생각 없이 숨을 쉬듯 무의식 수준에서 철학씽킹을 활용하는 상태를 지향하는게 좋습니다.

솔직히 말하자면 저는 컨설팅을 할 때 '철학씽킹'이든 '디자인 사고'든 기타 사고법이든 기법 이름을 말하지 않으려고 노력합니다. 새로운 접근법을 제안하면 이전의 자기 방식을 부정당하는 것처럼 받아들이는 사람이 적지 않기 때문입니다.

따라서 처음 도입할 때는 일단 체험하게 하는 것이 좋습니다. 철학씽킹이라는 명칭은 일부러 언급하지 않습니다. 선입견이 끼어들지 못하게 하려는 것입니다.

제가 해석하기로 철학씽킹은 말이나 대상의 의미와 의의를 깊이 생각하여 세계관을 확장하고 본질을 탐구하여 새로운 관점과 가치를 획득하는 포터블 스킬_{여러 분야에서 통용되는 기술}입니다.

철학씽킹이 말의 의미와 의의에 주목하는 것은 어떤 과제에나 '업무 방식을 ○○로 하고 싶다', '직원의 ○○를 높이고 싶다', '○○한 비즈니스를 만들고 싶다' 등의 테마와 키워드가 있기 때문입니다. 철학씽킹에서는 이처럼 언어를 깊이 파고들어 정의한 구체적 사고방식과 접근법을 활용하여 세계관을 확장하고 본질적인 가치를 찾습니다.

요즘 비즈니스 환경이 어지럽게 변화하는 중에 다방면의 양극화가 심해지고 있습니다. 모든 것이 '그레이트 리셋_{제로 베이스에서의 재정의}'을 거치고 있습니다. 자동차는 자율주행을 시작했고, 사무실에도 매일 출근할 필요가 없어졌습니다.

따라서 '향후 사무실', '향후 자사의 존재 의의와 가치', '향후의 나, 내 경력, 내 인생' 등 '향후의 ○○'를 지금보다 더 많이 생각해야 합니다. 그래서 철학씽킹이 점점 더 주목받고 중요하게 여겨지는 것입니다.

트리플 디자인,
미카미 다츠유키(三上龍之) 대표 겸 디자인 에반젤리스트
● ● ●

아이디어 발상을 강화하는
비즈니스 기술

1985년 4월 도시바(東芝) 입사 후 디자인센터 및 신규 사업 부문에서 제품 디자인, 인터페이스 디자인, 콘텐츠 디자인, 서비스 디자인, 비즈니스 디자인 등을 담당했다. 이후 다양한 부서에서 디자인 관리, 디자인 전략, 디자인 방법론, 인재개발 등에 종사하다가 2022년 11월부터 '트리플 디자인'을 운영하고 있다.

세상의 변화에 맞춘 디자인 접근법 및 디자인 기술의 진화

많은 기업이 디자인 사고와 디자인 관리에 주목하고 있습니다. 대부분의 비즈니스 현장에서 디자이너의 기법을 활용하려는 와중에 저는 왜 철학씽킹을 도입했는지 이야기 하겠습니다.

저는 디자인학과를 졸업한 후 전기 제품의 색과 형태를 디자인하는 제품 디자이너로 도시바에 입사하여 TV 케이스나 리모컨을 눌렀을 때 표시되는 화면 등을 디자인했습니다. 그 후 DVD 소프트웨어를 제작·판매하는 기업이나 위성방송과 인터넷을 융합한 콘텐츠를 배포하는 플랫폼 기업에 파견되어 영화, 음악, 게임 등 다양한 콘텐츠를 제작하며 제품을 만드는 '모노즈쿠리物作'와 함께 체험과 서비스를 디자인하는 '고토즈쿠리事作'를 배웠습니다.

그 다음에는 디자이너의 방식으로 조직의 구조와 전략을 만드는 디자인 관리 업무를 맡았습니다. 또 최근 몇 년 동안은 디자인 기술 및 디자인 사고를 전 직원에게 전파하는 일을 담당했습니다. '미대 출신 디자이너의 디자인 방식과 디자이너가 아닌 사람들의 디자인 사고는 전혀 다르다'라는 견해도 있지만, 제가 둘 다 경험해본 결과 과제를 발견하고 시행착오를 거치면서 해결해가는 과정은 크게 다르지 않습니다.

도시바를 퇴사하고 독립한 지금도 저는 도시바를 비롯한 다양한 기업과 개인을 대상으로 디자인 기술과 디자인 사고를 전파하는 일을 계속하고 있습니다.

　도시바는 가치 창조에 관한 패러다임 변화에 발맞추어 디자인적 접근법과 디자인 기술을 체계적으로 강화하고 있습니다. [도표 21]에서 그 변화를 확인할 수 있습니다. 이전에는 회사가 소비자에게 제품 디자인을 제공했지만, 앞으로는 '소비자가 실현하는 가치 디자인' 즉 '커스터머 밸류 디자인®'을 지향한다고 되어 있습니다.

　이전에 도시바는 제조사답게 제품 자체의 가치를 추구하는 전통적 모노즈쿠리와 고도로 효율화된 분업체제에 기반하여 탁월한 장인 기술을 활용하는 인사이드 아웃_{Inside-Out}식 접근법으로 '장인 디자인'을 선보여 왔습니다. 그런데 언젠가부터 제품 자체가 아니라 제품을 사용할 때의 경험_{UX : User Experience}에 가치가 있다는 생각에서 정책을 전개하게 되었습니다. 따라서 제품이 아닌 사람을 중심에 둔 디자인 사고 등을 도입했고, 다른 사람들과의 공감에 기반한 아웃사이드 인_{Outside-In}식 접근법을 활용하여 전문가와의 협업을 통한 '팀의 디자인'을 선보이고 있습니다.

　앞으로는 '모두의 디자인'을 지향할 것입니다. 그러려면 플랫폼 및 비즈니스 생태계 안에서 자타 구분 없이 모두에게 개방된 시스템 사고, 그리고 그에 기반한 포괄적인 접근법이 필요합니다. 이 변화는 배타적으로 일어나는 것이 아니라 여러 층이 겹치듯 다층적으로 진행되므로 장인의 디자인에 필요한 '개인의 창조성', 팀의 디자인에 필요한 '공창력과 협동을 위한 기초 기술', 모두의 디자인에 필요한 '비전과 의미를 공유하는 기술'을 모든 개인과 조직이 앞으로

[도표21] 가치 창조에 관한 패러다임 변화와 디자인적 접근법, 디자인 기술의 진화

	가치의 원천	접근법의 특징	디자인 기술
	목표 가치	디자인의 주체	
	상징 단어	활동의 특징	의식의 초점
이전 전통적 모노 즈쿠리	제품 제품 자체의 가치 경쟁, 전쟁 (전략·전술) 획득, 소유, 독점	제품 중심 장인의 디자인 탁월한 장인 기술, 분업, 공들인 의장	개인의 창조성 자신과의 싸움 (인사이드 아웃)
최근 UX 디자인, 디자인 사고	제품+일 사용 경험의 가치 환대, 선물 서비스, 이타심	인간 중심 팀의 디자인 각자 특기가 다른 전문가들의 협동	공창력, 협동을 위한 기초 기술 타자와의 공감 (아웃사이드 인)
향후 커스터머 밸류 디자인	제품+일+관계 관계성과 신뢰의 가치 시스템, 생태계 공유, 공생	포괄적, 전체적 모두의 디자인 전원이 전력을 발휘함 관계자가 가치를 공창함	비전과 의미를 공유하는 기술 자타를 초월한 시스템 사고

자료 제공 : 주식회사 도시바 CPS×디자인부 ©2018-23 Toshiba Corporation

계속 연마해야 합니다. 따라서 저는 그 육성 커리큘럼을 체계적으로
정리하고 있습니다.

'마인드셋과 문해력'을 뒷받침하는 기술

일반적인 디자인 사고는 '해결할 과제는 무엇인가?_{과제 발견}'와 '어떻게 해결할까?_{과제 해결}'가 반복되는 과정입니다. 도시바는 여기에 '왜 프로젝트에 도전하는가?', '누구의 과제를 해결하려 하는가?'를 명확히 하여 공유하는 '비전공유' 프로세스를 독자적으로 추가하여 모든 사업 현장에서 실행해 왔습니다[도표22] 참조.

한편 도시바는 데이터에 기반하여 실패를 최대한 방지하는 비즈니스 관리 기법인 '식스시그마'도 오래 전부터 실천해 왔습니다. 그러나 고도로 효율화된 분업체제 안에서 철저히 낭비를 줄이는 이 기법은 실패를 반복하며 배우는 디자인 사고와 발상이 정반대여서 서로 잘 맞지 않았으므로 조직에 그다지 정착하지 못했습니다. 도시바는 여기서 교훈을 얻어 새로운 방식이 기존 방식과 다른 점을 '마인드셋_{마음가짐, 사고방식, 가치관}과 문해력_{행위, 태도, 관례}'으로 정리해 명문화했습니다. 여기서 언급한 방식과 정반대의 방식이 사내에 상식으로 정착해 있어서 의식 전환이 쉽지 않았지만 사내교육 등으로 꾸준히 공유한 결과, 문제의식이 서서히 싹텄고 디자인적 도전의 필요성이나 중요성을 모두 이해하기 시작했습니다.

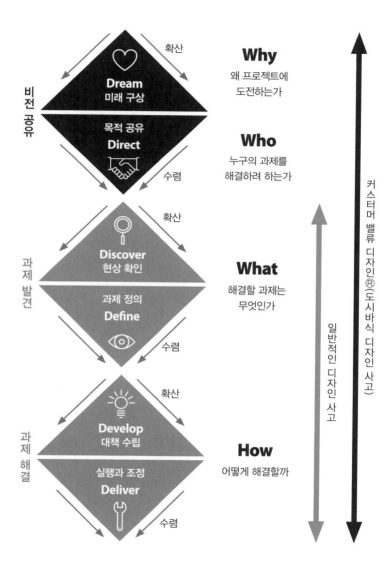

[도표22] 커스터머 밸류 디자인®

비전 공유

- 확산
- Dream 미래 구상
- 목적 공유 Direct
- 수렴

Why
왜 프로젝트에 도전하는가

Who
누구의 과제를 해결하려 하는가

과제 발견

- 확산
- Discover 현상 확인
- 과제 정의 Define
- 수렴

What
해결할 과제는 무엇인가

과제 해결

- 확산
- Develop 대책 수립
- 실행과 조정 Deliver
- 수렴

How
어떻게 해결할까

일반적인 디자인 사고

커스터머 밸류 디자인®(도시바식 디자인 사고)

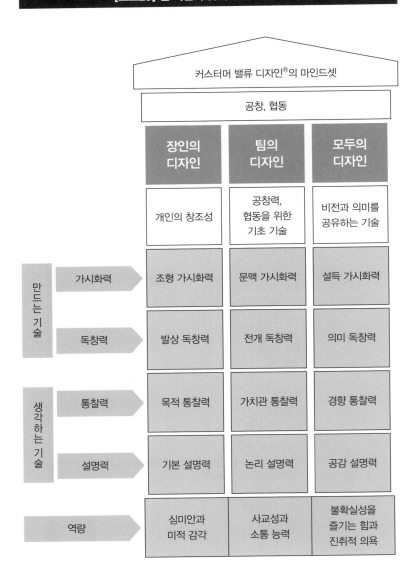

자료 제공 : 주식회사 도시바 CPS×디자인부 ©2018-23 Toshiba Corporation

[도표23]에 이 '마인드셋과 문해력'을 지탱하는데 필요한 디자인 기술을 정리해 두었습니다. 장인의 디자인, 팀의 디자인, 모두의 디자인에 공통으로 필요한 '만드는 기술'_{가시화 능력, 독창력}, '생각하는 기술'_{통찰력, 설명 능력} 등 전사적으로 필요한 디자인 기술이 여기에 망라되어 있습니다.

디자인 부문에 처음 참여한 구성원에게는 30일간 60강좌를 들을 수 있는 '디자인 부트 캠프_{Design Boot Camp}'를 제공하여 자신의 현재 위치를 주관적, 객관적으로 확인하고 기술을 더욱 연마하는 계기로 삼도록 했습니다. 또한 이런 디자인 기술이 디자인 전문 교육을 받은 좁은 의미의 디자이너뿐만 아니라 모든 직원에게 필요하다는 생각에서 디자인 외의 부문에서도 공개연수나 간부 후보 연수 등에서 디자인 기술 관련 강좌를 도입하려 하고 있습니다.

••• 철학씽킹의 세 가지 활용법

우리는 이처럼 디자인 기술, 디자인 사고, 디자인 관리를 통합하여 실천하면서 철학씽킹을 '디자인 사고 과정의 보완', '기술 강화', '아이디어 보강'의 세 가지 목적으로 활용하고 있습니다.

특히 커스터머 밸류 디자인®에서는 철학씽킹을 '비전 공유'와 '과제 발견' 과정을 보강하는 데 활용하고 있습니다. 이때의 철학씽킹은 그룹대화를 통해 전제를 점검하고 본질적 질문을 던져 상식

[도표24] 비전 공유, 과제 발견 과정을 보강하는 철학씽킹

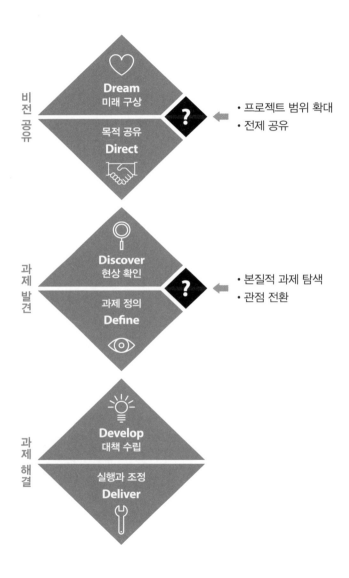

자료 제공 : 주식회사 도시바 CPS×디자인부 ©2018-23 Toshiba Corporation

을 의심하고 사고의 틀을 확장하는 활동이며, 그 목표는 프로젝트 범위 확대를 통한 비전공유, 전제공유, 깊은 탐색 및 관점 전환을 통한 본질적 과제발견 등입니다.

먼저 비전공유 단계에서는 '모두가 기뻐할 만한 변화'를 상정하여 근본적인 비전을 공유한 후, 다음 단계인 '과제발견', '과제해결'로 넘어갑니다. 이때 '이런 전제가 있는데 원래 괜찮았던가?'라는 식으로 가벼운 이야기를 나누는 것도 좋습니다. 그러는 동안 의외의 의견이 나와서 프로젝트 범위가 확대되기도 합니다.

"과연 앞으로 세상이 어떻게 될까요?"

"지금 온실가스 배출을 규제하고 있는데, 소 트림에서도 메탄가스가 배출되잖아요. 이대로 가면 동물성 단백질을 못 먹는 세상이 올지도 몰라요."

"요즘 가끔 식용 귀뚜라미가 보이던데요."

"생물을 죽여도 윤리적으로 괜찮을까요?"

"AI가 발달하면 다양한 생물의 마음을 알게 될지도 몰라요."

"개나 고양이의 마음을 짐작하게 된 것처럼 소나 돼지, 어쩌면 귀뚜라미의 마음도 알게 될지 모르죠."

"귀뚜라미는 사람에게 먹히는 게 좋을까요?"

"그런 세상이 오면 사람들은 어떤 것에 관심을 기울일까요? 도시바는 그런 세상에 어떻게 공헌할 수 있을까요?"

이런 식으로 말입니다. 모두가 같은 장면을 상상하면 마음이 통하므로 사고방식이 다른 사람과도 원활하게 소통할 수 있습니다. 즉 모두 같은 문제의식과 가치관을 공유하므로 동기를 유지하며 프로젝트를 추진할 수 있게 되는 것입니다.

과제를 발견하려고 대화하는 중에 특히 외래어나 한자로 된 암호 같은 말이 등장하면 구성원 모두가 각자 해석하고 넘어가므로 구체적인 이미지를 공유하지 못한 채 논의가 진행될 수 있습니다. 예를 들어 연수에서 '여행 사업의 새로운 가능성 찾기'라는 테마를 다룬다고 합시다. 사람들 대부분이 여행에 관한 애로사항이 한두 가지는 있을 테니 과제발견은 어렵지 않겠지만 애로사항을 생각하다 보면 '과연 여행이란 무엇인가?'라는 의문이 들 것입니다.

"몸이 이동해야 여행일까요?"

"VR고글을 활용한 VR체험도 여행일까요?"

"여행은 어쩌면 비일상을 가리키는 게 아닐까요?"

"그럼 비일상이란 뭐죠?"

"일상이 여행이 될 수도 있지 않나요? 노마드도 있으니까요?"

"그런데 노마드란 과연 어떤 사람이죠?"

그러면 이런 식으로 평소였다면 가볍게 넘겼을 말에 '과연 이건 어떤 뜻일까?'라고 생각하면서 주변을 탐색하여 과제를 찾게 됩니다. 얼핏 보아 답이 없을 듯한 질문을 차례차례 던진 다음 생각하고, 또 다른 질문을 던지면서 '다른 견해도 있지 않을까?'라고 관점을 전환하기도 합니다. 일단 멈춰서 곰곰이 생각하면서 서로의 해석을 확인하거나 지혜를 모아야 하는 지점에 집중하는 것입니다. 멀리 돌아가는듯 보일지 몰라도 이런 철학씽킹의 대화는 프로젝트의 방향성을 확고하게 잡는 데 절대적인 효과를 발휘합니다.

기술 보강을 위한 '통찰력 강화'

저는 앞서 언급한대로 다양한 종합적 기술 개발 커리큘럼 중에서도 철학씽킹 연수를 채택했습니다.

철학씽킹은 '장인의 디자인'에 도움이 되는 개인의 창조성 중 '목적 통찰력'의 향상에, '팀의 디자인'에 도움이 되는 '공창력, 협동을 위한 기초 기술' 중 '가치관 통찰력'의 향상에, 또 '모두의 디자인'에 도움이 되는 '비전과 의미를 공유하는 기술' 중에서는 '독창력', '경향 통찰력'의 향상에 효과를 발휘할 것입니다.

또한 철학씽킹은 소위 좁은 의미의 디자인 능력인 '가시화 능력'에 대비되는 능력 즉 '통찰력'을 강화하는 대표적인 활동입니다. 그뿐만 아니라 철학씽킹은 처음으로 돌아가 곰곰이 생각하는 일의 중요성을 깨닫고 자신이 어떤 사고법에 능한지 알게 되며 자신이 어떤 기술을 갖추지 못했는지 발견하도록 할 것입니다.

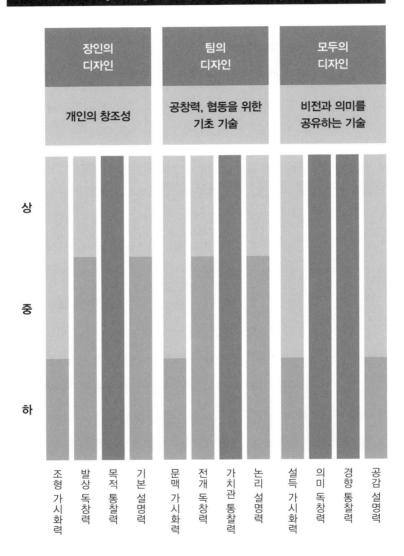

[도표25] 기술 항목별 철학씽킹의 기여도

장인의 디자인	팀의 디자인	모두의 디자인
개인의 창조성	공창력, 협동을 위한 기초 기술	비전과 의미를 공유하는 기술

상

중

하

조형 가시화력 | 발상 독창력 | 목적 통찰력 | 기본 설명력 | 문맥 가시화력 | 전개 독창력 | 가치관 통찰력 | 논리 설명력 | 설득 가시화력 | 의미 독창력 | 경향 통찰력 | 공감 설명력

자료 제공 : 주식회사 도시바 CPS×디자인부 ©2018-23 Toshiba Corporation

아이디어 발상력을 강화하는 '찜찜함'

요즘 들어 일러스트와 도해를 활용하여 회의 내용을 판서하는 기법인 그래픽 레코딩과 그래픽 퍼실리테이션이 주목받고 있습니다. 철학씽킹 참가자 중에도 "그래픽 레코딩이나 그래픽 퍼실리테이션과 병행하면 효율적이지 않을까요?", "기억을 돕고 논점을 정리하기 위해 필기하고 싶어요"라고 말하는 사람이 있습니다.

그러나 시행착오를 거친 결과 그래픽 레코딩이나 그래픽 퍼실리테이션을 쓰지 않고 참가자의 필기를 금지했을 때 더 깊은 깨달음을 얻을 수 있다는 사실을 확인했습니다.

대화 도중에 대화의 흐름을 모두와 공유하는 것은 철학씽킹에서도 마찬가지입니다. 다만 그래픽 레코딩, 그래픽 퍼실리테이션을 활용하면 퍼실리테이터가 그린 시각 이미지를 모두가 공유하므로 참가자들의 뇌 속에 같은 개념의 이미지가 존재하게 됩니다.

철학씽킹에서는 판서를 하지 않고 대화를 진행하므로 참가자의 머릿속에 각각 다른 개념의 이미지가 생성됩니다. 게다가 필기도 하지 않으므로 머릿속에 입력된 언어에 각자의 문제의식이나 민감도에 따라 제각각 다른 필터가 작용하여 다양하고 이질적인 의견이 형성됩니다. 이것이 대화중에 충돌을 일으키는데 여기서 생각지도 못한 깨달음이 나타나게 됩니다.

그래픽 레코딩, 그래픽 퍼실리테이션에서는 대화가 종료될 즈음 완성된 그래픽을 통해 전원이 공통 결론을 공유하므로 산뜻한 기분이 듭니다. 한편 철학씽킹은 합의된 결론을 공유할 때도 간혹 있지만 대개는 각자의 생각을 간직한 채 새로운 질문을 떠올리면서 찜찜하게 끝나기 마련입니다. 그래서 그래픽 레코딩, 그래픽 퍼실리테이션이 깔끔하게 마무리된 이후에는 더 생각할 거리가 없지만 철학씽킹이 찜찜하게 마무리된 후에는 좋든 싫든 그때의 테마를 무의식적으로 계속 생각하게 됩니다. 그래서 그로부터 2~3일 후 전철에서 꾸벅꾸벅 졸다가, 또는 욕조에 몸을 담그고 잠시 쉬다가 갑자기 '그거, 혹시 이런 게 아닐까?'라는 아이디어가 떠오릅니다.

이처럼 찜찜해서 무의식적으로 계속 생각하면 '미완료 과제의 기억은 완료 과제의 기억보다 떠오르기 쉽다'는 '자이가르닉 효과'가 일어나는 것입니다. 그 덕분에 좋은 아이디어가 떠오르는 것이지요. 이와 관련하여 제임스 W. 영James Webb Young이 자신의 저서《아이디어 생산법A Technique for Producing Ideas》에서 창조적인 아이디어를 내는 5단계를 소개했습니다.

❶ 재료 수집
❷ 재료 소화, 퍼즐을 조합
❸ 무의식으로 옮겨 계속 생각한다
❹ 유레카!(아이디어 탄생)
❺ 구체화, 실천

무의식적으로 계속 생각하다 보면 그 과제와 무관한 다른 일을 하는 중에 갑자기 아이디어가 떠오릅니다. 다양한 저명인사가 이런 경험을 이구동성으로 고백합니다. 저도 디자이너로 오랫동안 일하면서 수없이 경험했습니다.

철학씽킹의 마지막에 남은 찜찜함과 새로 떠오른 질문들은 5단계 중 ❷에서 ❸으로 넘어가는 흐름을 촉진합니다. 따라서 저는 철학씽킹을 진행할 때 그 자리에서 결론을 내기보다 오히려 찜찜함을 남기고 끝내서 무의식 차원의 숙성을 기다립니다.

[도표26] 그래픽 레코딩, 그래픽 퍼실리테이션과 철학씽킹 비교

그래픽 레코딩, 그래픽 퍼실리테이션	VS	철학씽킹
이야기(좌뇌) 공유		이야기(좌뇌) 공유
시각 이미지 공유		시각 이미지 없음
개념 이미지(우뇌) 공유		개념 이미지(우뇌)는 제각각
공통 인식으로 합의 형성		이질적인 의견 충돌
산뜻		찜찜
더는 생각하지 않음		무의식적으로 계속 생각함

자료 제공 : 주식회사 도시바 CPS×디자인부 ©2018–23 Toshiba Corporation

철학씽킹의 효과 : '답이 나오지 않아도 된다'

지금까지 가치창조 모델 및 비즈니스 모델을 변혁하려는 제조사가 철학씽킹을 어떻게 활용해 왔는지 소개했습니다. 철학씽킹은 단독으로 무엇이든 할 수 있는 만능 도구라기보다 디자인 사고 등 다른 기법과 함께 쓸 때 더 큰 시너지를 기대할 수 있는 조미료 같은 도구입니다. 그러므로 꼭 답을 도출해야 하는 것은 아닙니다.

철학씽킹을 도입한 데 따른 구체적인 효과로 '▲다각적인 관점이 싹텄다, ▲답 없는 질문을 계속했더니 생각이 깊어졌다, ▲시각화의 한계를 넘은 비주얼 사고가 가능해졌다' 등의 세 가지를 들 수 있습니다.

철학씽킹을 다른 기법과 조합하면 이런 효과가 있으므로 같은 작업을 해도 지금까지와는 전혀 다른 성과를 얻을 수 있습니다.

그런데 기업에서 디자인 사고를 실천하고 인재를 육성하는데 매우 독특하고 강력한 효과를 발휘하는 기법 또는 도구로 철학씽킹을 활용하려면 퍼실리테이터의 기술과 참가자의 문해력이 둘 다 필요합니다.

한편 철학씽킹은 기초적 퍼실리테이팅 기술을 팀이나 조직 전체에 침투시키면 누구나 목적에 따라 간편하게 착수, 활용할 수 있습니다. 그런 필수적인 기초 도구로 다른 기법에서는 얻을 수 없는 획기적인 성과를 얻으시길 바랍니다.

요코가와전기, 이바라기 마사히로(伊原木正裕)
크리에이티브 리서치 컨설턴트

• • •

성과 높은 팀을 구축한다

1987년 요코가와전기에 입사해 내장형 기기 개발, 시스템 엔지니어링, 대학 벤처
MK, 연구 · 개발 기획 등을 거쳐 현재 디자인 리서치에 종사하고 있다. 동시에 시스
템(팀) 코치(ORSCC)로서도 활약 중이다.

조직의 '아까움'을 없애다

여러분은 리더로서 프로젝트를 추진하던 중 '팀이 더 창조적으로 움직일 수 있는데도 잠재력을 충분히 발휘하지 못해 아깝다'라고 느낀 적이 없습니까? 조직의 이런 '아까움'을 없애고 성과 높은 팀을 구축하는 일에 철학씽킹을 활용할 수 있습니다.

저는 요코가와전기에서 크리에이티브 리서치 컨설턴트로 활동하며 창조적인 문제해결을 지원하고 사람의 마음에 다가서는 디자인 리서치[23]를 진행하고 있습니다. 또한 팀 코치로서 조직의 관계성을 개선하고 더 좋은 성과를 내기 위한 팀 코칭 서비스도 제공하고 있습니다. 크리에이티브 리서치와 팀 코칭의 기능은 철학씽킹의 두 가지 장점과도 밀접한 관계가 있습니다.

1 새로운 관점 도입 : 팀의 다양성 즉 견해 차이를 활용해 사물을 다각적인 관점에서 재검토하는 논리적인 기능

2 지적 안전성 확보 : 안심하고 본질을 탐구하거나 아이디어를 제안할 수 있게 하여 구성원의 지적 안전성을 확보하는 기능

1 새로운 관점 도입

예전의 산업계에서는 시장에 '새로운 기술HOW'을 제공하는 일이 곧 새로운 가치를 제공하는 일이었습니다. 개발자가 가치를 설정하여 사용자에게 제공하는 구도였다고 할 수 있습니다. 그러나 언

젠가부터 디자인 사고가 대두하면서 사용자 중심주의가 주류를 차지했고 사용자의 잠재욕구를 조사하는 일이 중요해졌습니다. 그 결과 가치의 원천이 그 서비스가 만들어 내는 '새로운 의미WHY'로 바뀌었습니다. HOW를 추구할 때는 구체적인 기술을 논의했지만, WHY를 추구하려면 논점의 추상도를 높이 유지한 상태로 논의할 필요가 있습니다. 그러나 속도와 합리성을 우선하는 과거 조직에서는 이런 모호한 논의의 성과가 개인의 능력에 좌우되기 쉬웠으므로 혁신의 수준이 개인 능력의 수준을 넘지 못했습니다. 그야말로 안타까운 일입니다. 우리는 팀원들의 다양성으로 이 문제에 대응하고 있습니다. 즉 팀원들의 다양한 관점을 도입하여 일의 추상도를 조정하며 문제를 재정의합니다. 논점에 대한 견해가 좁은 범위에 갇히면 팀의 논의 자체가 막혀 버리기 때문입니다.

예전에 '특정 서비스'와 'VUCA World*'라는 시대적 특징을 어떻게 연계할지 논의하다가 대화가 정체된 적이 있습니다. 이런저런 혜택을 생각해 보았지만 감이 오질 않았습니다. VUCA라는 현상을 문제로 간주하고 대처법을 찾는 중에 모두가 '정답'을 도출해야 한다고 생각하다 보니 대화가 꽉 막혀버린 것입니다. 그래서 키워드인 'VUCA'에 관해 즉흥적인 철학씽킹을 진행하기로 했습니다.

철학씽킹에서는 대처법을 브레인스토밍으로 알아내는 것이 아니라 질문으로 알아냅니다. 그래서 다양한 질문으로 대화를 전개

VUCA World : 불안정(Volatility)하고, 불확실(Uncertainty)하며, 복잡하고(Complexity), 애매모호한(Ambiguity) 현재의 사회를 의미한다.

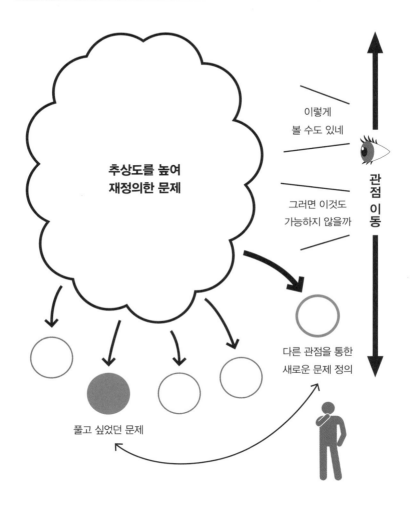

[도표27] 관점 전환을 통한 문제 재정의

추상도를 높여
재정의한 문제

이렇게
볼 수도 있네

그러면 이것도
가능하지 않을까

관점
이동

다른 관점을 통한
새로운 문제 정의

풀고 싶었던 문제

하던 중에 'VUCA는 나쁜 현상인가?'라는 질문이 깨달음을 주었습니다. 이 암묵적 전제가 무너지자 팀원들이 아이디어를 쏟아내기 시작했습니다. 질문으로 암묵적 전제를 벗어나 새로운 의미에 접근하는 순간이었습니다. 일반적으로는 '추상도를 올려 다른 관점으로 보는' 행위가 약간 어렵게 느껴질 것입니다. 우리가 '구체적으로 설명하면 어떤 뜻입니까?'라고 묻는데 익숙한데다 그렇게 구체적인 정보를 파악하는 것이 중요하다는 사실을 잘 알고 있기 때문입니다. 이처럼 답이 구체적이어야 한다고 생각하는 탓에 '정답을 알아내서 팀에 공헌해야 한다'라는 의식이 일종의 속박으로 작용하기도 합니다. 철학씽킹의 또 다른 장점이 바로 여기에 있습니다.

❶ 지적 안전성 확보

앞서 언급했듯 비즈니스 현장에서 추상적인 논의를 할 수 있도록 하는 것이 철학씽킹의 장점입니다. 추상도가 높아져도 질문을 활용하면 구성원들의 다양성을 살린 논리적 대화를 진행할 수 있습니다. 그러나 이런 대화를 실현하려면 중요한 요건을 충족해야 합니다. 바로 '안전성'입니다. 이 안전성은 '심리적 안전성'과 '지적 안정성'으로 나뉩니다.

심리적 안전성이 있다는 것은 구성원이 무엇을 말해도 비난 혹은 공격당하지 않는다는 뜻입니다. 즉 자유롭고 개방적으로 의견을 말할 수 있는 환경이 확보된 것입니다. 철학씽킹의 장점인 '다양성을 살리는 기능'을 실현하려면 이 심리적 안전성이 기본적으로 보장되어야 합니다. 대화 자리에 다양한 분야의 사람이 모이기도 하므로 기존의 관계성에는 의존할 수 없습니다. 따라서 다양성을 살리기 위해 심리적 안전성을 의식적으로 확보해야 합니다.

지적 안전성은 심리적 안전성과는 다른 개념으로 자유롭게 본질을 추구할 수 있는 환경적 특성을 말합니다. 즉 의견을 무시당하지 않고 피드백을 얻을 수 있다는 뜻입니다. 이를 확보하려면 퍼실리테이터의 역할이 중요합니다. 퍼실리테이터가 적절한 피드백으로 논점 이동, 대립점 발견, 시야 확대를 돕는다면 그때까지 자유롭게 발언하던 참가자는 자신이 다양한 관점이 투입된 대화를 통해 상호 영향을 주고받았다는 사실을 알게 됩니다.

이것은 자기 생각이 대화 중에 훌륭한 역할을 했다는 것을 깨닫는 멋진 순간입니다. 이때 참가자는 어떤 의견을 내도 대화에 공헌할 수 있다는 자신감을 느끼고 더 적극적으로 다양한 아이디어를 내려고 할 것입니다.

관계성과 성과 높은 팀

'아까움'을 없애고 성과 높은 팀을 만들려면 이전보다 대화 수준을 높여야 합니다. 이때의 관건은 조직 및 팀 내부와 외부의 관계성입니다. 관계성이 팀의 성과에 얼마나 큰 영향을 미치느냐에 관해서는 대니얼 김Daniel Kim 씨가 매사추세츠 공과대학에 제출한 박사 논문에 언급된 '성공의 순환 모델'[24]이 유명합니다.

김 박사는 '성공의 순환 모델'을 소개하며 결과의 질이 3대 인자,

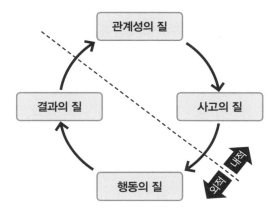

[도표28] 성공의 순환 모델

관계성의 질

사고의 질

결과의 질

행동의 질

내적

외적

즉 관계성의 질, 사고의 질, 행동의 질과 순환 고리의 관계를 이룬다고 말합니다[도표28]참조. 이 순환 고리가 계속 오른쪽으로 회전하면서 결과의 질을 높이는 것을 알 수 있습니다.

'팀이 좋은 성과를 낸다 → 팀의 관계성이 양호하게 유지된다 → 틀에 얽매이지 않는 창조적 대화를 통해 아이디어가 창출된다 → 좋은 계획이 수립된다 → 효과적인 행동을 취한다 → 좋은 성과를 낸다'라는 선순환이 일어나 성공으로 이어지는 것입니다.

그러나 현실에서는 정반대의 회전도 자주 일어납니다. '팀이 성과를 내지 못한다 → 팀의 분위기가 삭막해지고 관계성의 질이 떨어진다 → 좋은 아이디어가 공유되지 않는다말하고 싶어도 말할 수 없다 → 검토의 질, 계획 입안의 질이 떨어지므로 행동의 질도 떨어진다 → 결과가 더 나빠진다'라는 악순환이 이어지는 것입니다.

일반적으로 기업 내 조직의 리더에게는 자기 팀의 성과, 즉 결과의 질을 높일 책임이 있습니다. 따라서 이 악순환을 어디선가 끊어야 합니다. 김 박사는 논문에서 '일단 관계성의 질을 높여서 악순환을 끊어야 한다'라고 말합니다. 관계성의 질을 높이고 팀의 잠재력을 끌어내면 사고력이 강해지고 그것이 행동에 반영되어 높은 성과를 내는 최고의 팀이 될 수 있습니다. 다만 비즈니스 현장에서 '성공의 순환 모델'을 적용하는 데에는 약간의 문제가 있습니다. 외적인자_{행동의 질과 결과의 질}는 정량적인 재무지표와 관련짓기 쉬운데 반해, 비재무 지표인 인적자본 관련 내적인자_{관계성의 질과 사고의 질}는 정량화하기 어려워 대응이 어렵다는 것입니다. 그러나 복잡하고 정답 없는 현대사회에서 성공의 관건은 이 내적인자에 있습니다. 내적인자와 심리적·지적 안전성의 관계를 통해 어떤 팀을 지향할 수 있는지가 [도표29]에 나와 있습니다. 팀의 능력을 최대화하려면 일단 관계성의 질을 높여 어떤 의견도 안심하고 낼 수 있도록 해야 합니다. 다만 거기서 멈추면 그 팀은 아무 결정도 내리지 못하는 친목단체가 되어 버리니 주의해야겠지요.

한편, 관계성을 제쳐두고 본질 추구형 사고의 질을 높이는 일에만 집중하면 그 팀은 팀이 아니라 개인만 존재하는 장인 집단이 되어 버릴 수 있습니다. 그렇다면 팀의 잠재력을 끌어낼 수 없습니다. 팀이 개인의 능력을 넘어서는 성과를 내지 못하기 때문입니다.

따라서 이 두 인자를 항상 상호 작용시키며 강화할 필요가 있습니다. 다만 아주 드물게 리더가 극히 뛰어난 장래 전망 능력, 통찰

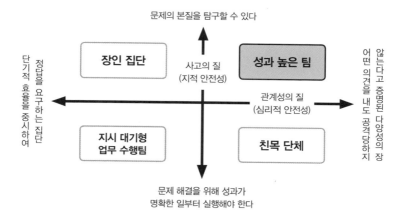

[도표29] 내적인자와 팀 성과의 관계성

문제의 본질을 탐구할 수 있다

장인 집단

성과 높은 팀

사고의 질
(지적 안전성)

정답을 요구하는 집단
단기적 효율을 중시하여

관계성의 질
(심리적 안전성)

않는다고 증명된 다양성의 장
어떤 의견을 내도 공격당하지

지시 대기형
업무 수행팀

친목 단체

문제 해결을 위해 성과가
명확한 일부터 실행해야 한다

력을 갖춘 경우가 있습니다. 이때는 팀이 2사분면의 장인 집단이

되어도 일이 효율적으로 진행됩니다. 그래도 역시 그 팀은 잠재력

을 전부 발휘하지 못하는 상태입니다. 경영적 관점에서 보면 인적

자본을 활용하지 못하는 '아까운' 상태라고 할 수 있습니다.

조직의 '아까움'을 없애려면 두 번째 인자인 관계성의 질을 높여

서 팀을 1사분면의 '성과 높은 팀'으로 이동시켜야 합니다.

철학씽킹의 운용상 특성과 전망

앞서 언급한대로 조직의 목적은 '팀으로 최대한의 잠재력을 발

휘하는 것'입니다. 저는 시행착오를 거치며 철학씽킹을 운용하며

조직의 이런 목적을 달성하는데 철학씽킹이 다음 세 가지 장점을 발휘한다는 사실을 깨달았습니다.

첫 번째는 '지적 안전성이 필요한 일에 적합하다'라는 것입니다. 철학자의 논의방식을 따르는 철학씽킹은 그 출신 덕분에 비즈니스 현장에서는 독특한 기능을 담당합니다. 그래서 다른 방법론과 기능이 겹치지 않으므로 퍼즐조각처럼 서로를 보완할 수 있습니다.

두 번째는 그 기법을 실천하는 데 '별다른 사전 준비가 필요 없다'라는 점입니다. 논의 도중에 대화가 진전되지 않는다고 느끼면 대화 방향을 틀어도 됩니다.

이 경우 장벽을 넘고 싶다는 욕구가 이미 높아져 있으므로 구성원도 이 새로운 방향을 따라가기 쉽다는 이점이 있습니다. 속도가 중시되는 비즈니스 현장에서 이런 '임기응변'이 매우 중요한데 철학씽킹에서는 "대화가 약간 정체되는 듯하니 ○○에 대해 파고들어 봅시다"라는 한 마디로 방향을 전환할 수 있는 것입니다.

그리고 세 번째는 '온라인으로도 진행할 수 있다'라는 점입니다. 코로나 사태를 계기로 원격근무를 기본으로 하는 조직이 많아졌는데 철학씽킹이 여기에 도움이 될 수 있습니다. 철학씽킹은 구성원의 내적인자에 관한 방법론으로 '안전성'이 필요하므로 대면으로 진행하는 것이 원격 환경에서도 원활하게 진행할 수 있기 때문입니다. 어디에서나 참가할 수 있으므로 자투리 시간을 이용하기도 쉽습니다. 이처럼 철학씽킹은 특성을 알고 활용하면 성과 높은 팀을 구축하는 데 큰 효과를 발휘합니다.

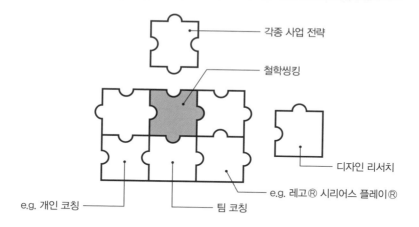

[도표30] 다른 방법론과 보완 관계를 이루는 철학씽킹

각종 사업 전략

철학씽킹

디자인 리서치

e.g. 레고® 시리어스 플레이®

팀 코칭

e.g. 개인 코칭

저는 크리에이티브 리서치 담당자로서 조직의 '아까움'을 없애기 위해 '관계성의 질심리적 안전성'과 '사고의 질지적 안전성'이라는 두 인자를 강화하여 1사분면의 성과 높은 팀을 구축하는 일을 돕습니다.

철학씽킹은 장점이 많은 효과적인 방법론이므로 목적에 따라 그때그때 활용하며 가볍게 운용하는 것이 최선이라고 생각합니다. 철학씽킹의 장점과 시대적 요구의 상관성을 생각하다 보니 현대사회에서 성과 높은 팀이란 어떤 팀을 의미하는지가 명확해졌습니다. 당사자로서는 얼핏 보아 성과와 상관없어 보이는 '모호함을 받아들이는 능력'이 성공의 관건이라는 사실을 좀처럼 깨닫기 어렵습니다. 그러나 적극적으로 질문하는 철학씽킹의 태도를 모든 팀이 익힌다면 팀과 팀의 관계성이 새로운 국면에 접어들어 결국 조직의 성과도 향상될 것입니다.

哲學
思考

學
考

PHILOSOPH

PART 4

전문 지식에 기반한
철학 컨설팅

THINKING

전문 지식을 활용하는 철학 컨설팅

지금까지는 철학 전문가가 아니라도 실천할 수 있는 철학씽킹의 기법과 실제 사례를 소개했습니다. 어쩌면 그동안 '철학'에 관해 품고 있던 이미지와는 다른 인상을 받았을지도 모르겠습니다.

"철학이 비즈니스에 도움이 된다"라는 말을 들었을 때 플라톤의 '이데아'나 헤겔의 '아우프헤벤' 같은 특정 철학 개념이 비즈니스 과제 해결에 도움이 될 거라고 기대했던 독자도 있을 것입니다. 물론 철학을 그렇게 활용할 수도 있겠지만 아이디어를 얻을 목적이라면 철학이 아닌 생물학이나 사회학 등을 활용해도 상관없을 것입니다.

그러면 이번 장에서는 1장에서 구분한 세 번째 철학, 즉 전문적인 철학을 비즈니스에 활용하는 방법을 소개하겠습니다. 철학을 다른 학문이 아닌 철학으로 비즈니스에 활용할 때는 그 철학적 개념의 배경에 있는 맥락과 논리를 따르는 것이 중요합니다. 철학사는 철학자들이 삼라만상에 대해 '왜 그렇게 말할 수 있는가?'라는 질문을 제기하며 논의를 거듭한 역사이므로 그만큼 비즈니스에서 과제 해결에 도움이 되는 지식의 보고이기도 합니다.[25]

저도 '철학 책임자'로서 컨설팅을 통해 고객의 과제에 어떤 철학 분야나 연구자를 대응시켜야 할지 컨설팅을 통해 판단하고 철학씽킹의 대화를 곁들여 가며 과제 해결에 도움을 줍니다. 또 우리 회

사 경영이나 사업에도 철학 연구 결과를 활용합니다.[26)]

지금까지 다양한 철학 전문 지식을 기반으로 컨설팅 서비스를 제공해 왔지만 여기서는 저의 철학 연구 결과와 전문적인 철학을 비즈니스에 어떻게 활용했는지 설명하겠습니다.

···또 하나의 하버드 경영대학원의 계보

저는 원래 영국 출신 철학자 A. N. 화이트헤드를 비롯하여 W. 제임스William James나 F. H. 브래들리Francis Herbert Bradley, S. 알렉산더Samuel Alexander 등 영미 형이상학자들의 사상을 연구했습니다.

일반인에게는 낯선 이름일지 모르지만 화이트헤드는 제자인 B. 러셀과 함께《프린키피아 마테마티카》를 저술하여 유명해진 현대 철학자입니다. 그 업적으로 현대 철학의 문을 열었으며 1924년에 하버드대학 철학 교수로 초빙 받은 후 하버드 경영대학원의 경영학자 및 실무가들과 영향을 주고받았습니다. 특히 화이트헤드는 1925년 발간한《과학과 근대 세계》나 그 기반이 된 '로웰 강의'에서 '유기체 철학'이라는 독자적 사상을 제창했습니다.

나중에 다시 말하겠지만 이 철학은 P. F. 드러커Peter Drucker에게도 큰 영향을 미친 M. P. 폴렛Mary Parker Follett, 1868~1933이나 C. I. 버나드Chester Irving Barnard, 1886~1961 등의 경영 사상과 궤를 같이하며 현대 경영학의 주된 조류와는 다르게 발전할 가능성을 시사했습니다.[27)]

요즘 아메바경영, 틸Teal 조직*, DAO분산형자율조직 등 자율적인 조직에 관한 이론이 주목받고 있지만 화이트헤드의 '유기체 철학'은 조직과 사회, 나아가 세계가 소위 '생명'처럼 여러 기관을 품고 있다고 말합니다.

생명을 가진 개개의 기관은 독자적으로 활동하면서도 다른 기관과의 본질적 영향 관계 속에서 고유의 기능을 담당합니다. 기관이 다른 것으로 교체되면 거부 반응이 일어나거나 몸 전체에 심각한 결과가 나타나듯 조직의 요소들도 다른 요소와의 관계 속에서 정체성이 규정됩니다. 또한 하나의 요소가 없어지면 다른 요소나 전체가 망가집니다. 이런 점에서 부품을 다른 것으로 교체해도 문제가 없는 무기물이나 기계와는 다릅니다.

조직도 마찬가지로 각각의 구성원이 다른 사람들과의 상호관계 속에서 고유의 역할을 다합니다. 조직은 이처럼 기관을 품은 생명처럼 움직일 때 가장 많은 가치를 산출하며 가장 큰 창조성을 발휘한다는 것이 화이트헤드의 생각입니다.

일본에서는 경영학자인 노나카 이쿠지로가 화이트헤드를 참조하여 "조직의 가치 창조란 조직 구성원이 다른 사람들과의 관계성 속에서 다양한 경험에 의미를 부여하여 자기 내면으로 받아들이는 과정이다"라고 말했습니다.[28] 이것이 '유기체 철학'의 핵심 사상입니다. 저는 철학 연구자로서 화이트헤드를 전문적으로 연구하는 동시에 노나카 이쿠지로가 제창한 지식창조 이론이나 '일본 화이트헤드 프로세스 학회' 소속 경영학자들의 연구 결과를 통해 경

틸조직 : 많은 권한을 가진 구성원들이 조직의 공통된 목적에 따라 움직이는 조직.

영과 비즈니스를 배웠습니다. 그러면 이 전문적인 철학을 비즈니스에 어떻게 실천적으로 활용할 수 있는지 살펴보겠습니다.

칼럼 SECI 모델과 과정 철학

'기업을 지식창조의 주체로 이해하고 이를 통해 주체적으로 변화하면서 지속가능한 상태로 만들려면 어떤 관리가 필요한가?'라는 질문에 대해 노나카 이쿠지로가 내놓은 답이 '지식창조 이론'입니다.[29] 그리고 노나카는 그 지식창조 모델을 [도표31]과 같은 'SECI 모델'로 공식화했습니다.

SECI 모델은 개인이 경험으로 획득한 암묵지를 공유하는 '공동화', 그 암묵지를 언어화하여 구성원들과 공유하는 '표출화', 다른 형식지를 조합하여 새로운 지식을 창출하는 '연결화', 새로 획득한 형식지를 구성원들에게 침투시키는 '내면화'로 이루어집니다. 이 4단계 과정을 나선구조로 반복하면 혁신이 이어지는 조직을 만들 수 있습니다.

노나카는 지식창조 이론 및 SECI 모델에 화이트헤드의 사상으로 대표되는 '과정 철학'의 관점을 도입했습니다. 화이트헤드는 다양한 존재들을 활동하는 경험 주체로 이해하고 그런 주체들이 정적이고 유기적인 관계를 맺으면 조직과 사회, 세계가 구성된다고 말했습니다. 다만 각각의 주체는 타자가 보기에 객체이므로 창조적 과정 안에 조건으로 수용됩니다. 각 주체가 활동하며 자신을 객체적 조건으로 제출하여 다음 활동의 주체에게 계승하는 과정에서 혁신이 이뤄진다고 할 수 있습니다.

이 책에서 설명하는 철학씽킹의 대화 역시 조직이나 프로젝트팀에서 개인의 암묵지를 공유하는 행위입니다. 본인도 자각하지 못했던 통찰과 착안점을 철학적 수준으로 파고들어 대화하다 보면 깊고 정적인 가치관을 공유할 수 있습니다. 지금까지 장애물로 작용했던 문제를 해결할 수 있는 실마리가 보이는 순간에는 안개가 걷히는 듯한 신체적 감각까지 동반됩니다. 대화의 결과는 콘셉트 서술문이나 분석 보고서 등을 통해 언어화, 가시화됩니다.

3장의 케이스 스터디에서 소개했듯 우리 회사는 그런 과정을 더욱 조직적으로 구조화하여 부서나 팀 내 역할을 초월한 협동 관계를 구축하기도 하고 대화형 연수나 비전북 등을 통해 목적의식과 비전을 직원들에게 침투시키기도 합니다. 1장에서 서구 기업의 '사내 철학자'와 '최고윤리책임자'를 언급했지만 일본의 경영 환경에서는 특정 철학 전문가의 조언과 감수를 받기보다 각 기업이 '사내 철학씽커'를 채용하여 기존의 윤리규범이나 이념을 철학적으로 점검하고 자율적으로 심화하는 과정을 구조화하는 것이 바람직합니다.

[도표31] SECI 모델(상단)과 일본형 철학 활용 모델(하단)

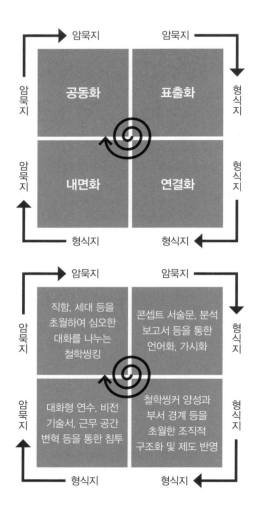

※ 상단 도표 : 노나카 이쿠지로 공저 《흐름을 경영하다 : 지속적 혁신 기업의 동태 이론》에 나온 도표
　　'조직적 지식창조 프로세스 – SECI 모델'을 참조하여 저자가 작성
※ 하단 도표 : 저자가 주장하는 '일본형 철학 활용 모델'

서로 다른 가치관·세계관을 어떻게 이해하고 연결할까

제가 대표로 있는 회사는 지금까지 철학 전문 지식을 활용하여 다양한 일을 수행했는데, 그중에서 많은 기업들이 공통적으로 의뢰했던 과제를 소개하겠습니다. 그것은 '세대격차'에 관한 과제입니다. 이 과제는 '서로 다른 가치관을 가진 다양한 사람들이 어떻게 협동할 수 있을까?'로 변형되거나 때로는 '상품 및 서비스를 이용하는 사람들의 가치관, 세계관이 어떠한지 알고 싶다'로 변형되기도 합니다. 물론 'ㅇㅇ세대나 나이가 ㅇㅇ대인 사람들은 이렇다'라고 획일화하면 다양성을 억압할 위험이 있으니 주의해야 합니다. 또 '가치관이나 세계관은 사람마다 제각각이다'라는 상대주의 역시 정반대의 극단적인 결론이니 피하는 것이 좋습니다.

오히려 과제의 본질은 '밀레니얼세대'나 'Z세대' 등의 세대론에 치우치지 않고 자신과는 다른 가치관, 세계관을 이해하며 가치관과 세계관의 차이를 초월한 보편적이고 통합적인 인간으로써의 이해를 획득하는 데 있습니다. 그래야 각자의 생각의 차이를 받아들이는 동시에 공통의 기반 위에서 협동할 수 있습니다.

지금부터 세대격차에 관한 과제를 사례로 삼아 전문적인 철학이 어떻게 활용되는지 살펴보겠습니다. 앞서 언급한 화이트헤드, 폴렛, 버나드 등은 '협동'과 '통합'을 중심에 둔 조직론을 제창한 철학자, 경영학자, 경영자입니다. 그들이 제창하는 조직론의 목표는 각 사람의 창조성을 인정하고 그 창조성이 최대한으로 발휘되는 조직을 만드는 것입니다. 그러기 위해 다른 가치관과 세계관을 이해하고 보편적인 도식을 형성할 때 철학적인 식견이 활용됩니다.

앞서 언급한 기업들은 하나같이 40대 후반~50대 관리직과 20대~30대 초반의 젊은 직원들의 직업관 및 업무 방식이 달라서 일어나는 갈등으로 고민하고 있었습니다.

회사는 관리직에 프로젝트를 이끄는 역할이나 젊은 직원을 교육하는 역할을 맡기고 구체적인 성과를 요구합니다. 그러므로 관리직은 자기 일에서 성과를 낼 뿐만 아니라 젊은 직원이 더 주체적으로 일에 임하도록 지도해야 합니다.

그러나 젊은 직원들이 정말로 무엇을 원하고 생각하는지 알기 어렵습니다. 회사나 위 세대로서는 아래 세대가 조금 더 주체적으로 일해 주기를 바라는 마음에서 다양한 연수와 새로운 정책을 시도하지만 기대한 성과가 나지 않습니다. 심지어 몇 년 동안 기대를 걸고 키운 젊은 직원이 이직해 버립니다. 많은 기업이 비슷한 과제를 안고 있을 것입니다.

한편 아래 세대는 위 세대 사람들의 업무 방식에 의아함을 느낄 때가 많습니다. 과거 일본 사회에서 당연하게 여겨졌던 직업관, 예를 들어 싫은 일도 억지로 해야 하고 사생활을 희생해서라도 일을 우선해야 하고, 종신고용제 아래 한 회사에서 되도록 계속 일해야 한다는 직업관을 도저히 이해하지 못하는 사람도 있습니다.

한편 30대 후반~40대 초반의 관리직 혹은 준관리직은 상사와

부하 사이에 끼어 있는 세대입니다. 후배들이 자유롭고 즐겁게 일하기를 바라지만 상사는 젊은 직원들을 교육해서 조금 더 자발적으로 일에 임하게 하라고 지시합니다. 중간에 끼어 괴로워하는 이들을 본 젊은 직원들은 "진급하면 저 선배처럼 힘들어질 테니 지금의 지위에 머물고 싶다"라고 생각하게 됩니다. 이런 악순환에 시달리는 기업이 적지 않습니다.

이런 가치관, 세계관의 차이를 '철학' 수준까지 파고들어 이해하는 일이 조직과 팀에 매우 중요해졌습니다. 각자의 차이를 이해하지 못하고 자신의 선입견만으로 수립한 시책은 임시방편에 불과합니다.

직원들의 참여도를 어떻게 높일까

'젊은 직원들의 참여도를 높여야 한다'라는 과제로 고민하는 기업이 있다고 합시다. 이럴 때는 우선 급여를 인상해 대처하거나 장래 비전을 부여하는 시책을 생각할 수 있을 것입니다.

그러나 실제로 '일하는 보람'과 '사는 보람'을 테마로 대화해 본 결과 "관리직인 상사가 힘들어 보여서 진급하기 싫다"라든가 "일과 사생활을 균형 있게 양립하려면 지금 위치가 최적이다"라든가 "평생의 사는 보람 같은 건 부담스러우니까 필요 없다"라는 등의 의견이 나왔습니다. "급여 인상보다 사적인 시간을 확보하는 것이 중요하다", "장기적인 비전은 압박감만 가중되니 필요 없다"라는 본심이 나오기도 했습니다.

회사와 맞지 않는 사람은 안 뽑으면 된다는 사람도 있겠지만 여기서는 그런 전략을 생각하기 이전에 철학 수준으로 파고들어 생각해 봅시다.

경제학 이론 중 하나인 '대리 이론Agency Theory'은 그 해결책으로 감시를 강화하거나 승급 등으로 보상을 주는 방법을 제시합니다. 그러나 만약 해당 직원의 직업관, 가치관이 앞서 언급한 대로라면 그런 방법은 효과가 없을 것입니다. 과제 설정이 잘못되었을 뿐만 아니라 시책을 펼칠 대상자의 가치관을 잘못 파악했기 때문입니다.

"A. 급여를 올리면 참여도가 높아진다", "B. 10년 후의 비전을 갖게 하면 참여도가 높아진다"라는 생각에는 이 과제를 설정한 사람의 가치관과 세계관혹은 선입관이 반영되어 있습니다. 단독 주택을 갖고 싶거나, 고급 차를 사고 싶거나, 사생활을 희생해서라도 돈을 더 벌고 싶은 사람이라면 A의 생각이 들어맞을 것입니다. 또한 자사가 중장기에 걸쳐 안정적으로 성장할 전망이고 자신도 회사의 성장과 함께 인생을 설계하고 싶은 사람이라면 B의 생각도 들어맞을지 모릅니다. 그러나 앞서 살펴본 것과 같은 말을 하는 젊은 직원들에게는 A나 B 같은 생각이 효과가 없습니다.

실제로 철학씽킹 워크숍에서 대화를 나눠 보면 종신고용제 아래 한 회사에 계속 머무르는 게 좋다고 여겼던 시대에 활약한 세대는 아직도 그것을 '당연한 방식'으로 생각하는 경향이 있습니다.

또한 한 가지 일을 꾸준히 하지 않고 계속해서 업종을 바꾸는 사람은 인생과 직업이 일관되지 않아서 믿을 수 없다고 생각하는 경향도 있습니다. 심지어 여러 직장을 전전하는 사람은 주변 사람이나 회사에 폐를 끼친다고도 생각합니다. 2년이나 3년 만에 이직하는 것은 자기중심적이고 이기적인 행동이라는 것입니다.

사람마다 가치 규범이 다르므로 이런 생각 자체에는 문제가 없습니다. 그러나 하나의 가치 규범이 다른 가치 규범과 충돌할 때 조직에 문제가 생깁니다.

앞서 말했듯 특정 가치 규범에 맞지 않는 사람을 채용하지 않는 것도 인사 전략상 유효한 해결책입니다. 그러나 다른 해법을 찾을 수도 있습니다. 철학 컨설팅으로 가치 규범의 전제를 의심하고 서로 다른 가치 규범들을 조정할 만한 보편적 대책을 찾는 것입니다.

기밀사항이라 실제 대화 내용 등은 공개할 수 없지만 지금부터 몇몇 기업에서 실시한 철학 컨설팅 사례를 재구성해 전달하면서, 앞서 소개한 듯한 말을 하는 젊은 직원들과 위 세대 사이를 조정하기 위한 보편적인 사고 도식과 해결책을 소개하겠습니다.

개인이 아닌 분인으로서의 '나'

'사람은 한 가지 일을 꾸준히 해야 한다'라든가 '직장을 자주 옮기는 것은 좋지 않다'라는 사회 통념이 있습니다. 그런데 정말로 한

가지 일에만 전념하는 것이 좋을까요? 인간에게 그렇게 통일되고 확고한 '자아'가 있느냐고 물으면 뭐라고 대답할 수 있을까요?

소설가 히라노 게이이치로平野啓一郎 씨는 '분인分人, dividual'이라는 개념을 써서 인간을 '대인관계에 따라 다른 얼굴을 보이는 존재'로 정의했습니다. '분인'은 원래 문화 인류학 분야에서 쓰였으며 프랑스 철학자 G. 들뢰즈Gilles Deleuze, 1925~1995가 활용한 개념입니다.

들뢰즈의 용법은 일단 제쳐두고 여기서는 히라노 씨의 용법을 살펴봅시다. 인간은 상대에 따라 '연인 앞에서의 분인, 부모 앞에서의 분인, 직장에서의 분인, 동호회 친구 앞에서의 분인' 등으로 얼굴을 바꾼다는 것이 히라노 씨의 생각입니다.

분인의 상대는 실제 공간에서 직접 만나는 사람만이 아닙니다. 히라노 씨는 인터넷에서 교류하는 사람까지 고려하여 "한 인간은 여러 분인의 네트워크이며 거기에 '진짜 나'라는 중심은 없다"라고 말했습니다.[30]

개인을 뜻하는 영단어 'in-dividual'은 'divide·나누다' 앞에 부정의 접두사 'in'을 붙인 것으로 '나눌 수 없다'라는 뜻입니다. 이처럼 나눌 수 없는 개인이 가면을 쓰거나 캐릭터를 나누어 연기하는 것이 아니라 "애초에 여럿으로 나뉜 분인이 존재하며 애초에 기초가 되는 자신은 존재하지 않는다"라고 히라노 씨는 말합니다.

가족 앞, 친구 앞, 상사 앞에서 태도가 달라지는데 그중 일부는 '진짜 나'이고 나머지가 '가짜 나'라고 말하는 것이 아닙니다. 만약 가족 앞의 '나'가 제일 차분하고 온화하다고 해도 친구 앞의 '나'나

상사 앞의 '나'가 '가짜 나'가 되는 것도 아닙니다.

그렇다면 유일한 '진짜 나'가 존재한다고 생각하기보다 애초에 '진짜 나' 따위는 존재하지 않는 상태에서 여러 명의 분인으로 살고 있다고 생각해야 인생의 현실을 제대로 파악했다고 말할 수 있지 않을까요? 특히 요즘 우리는 스마트폰이나 PC 등을 통해 많은 사람, 많은 커뮤니티와 연결되어 있습니다. SNS에서도 여러 계정을 오가며 커뮤니티마다 다른 분인으로 사는 것을 현대인의 처세술로 생각하는 사람도 있을 것입니다. 현대인은 실제 공간에서든 온라인 공간에서든 많은 분인으로 살 수밖에 없기 때문입니다.

그러고 보면 인재개발이나 조직개발에 종사하는 사람들도 인간에 대한 이해를 업데이트할 필요가 있습니다. 모든 사람은 이미 다양한 '나'를 품고 있으며 여러 명의 분인으로 살고 있습니다.

미키 기요시의 '허무'와 '고독'

그러나 '진짜 나'가 존재하지 않는다고 하면 여러 명의 분인으로 살면서 자신이 누구인지 모르게 되지는 않을까요? 다양한 '나'로 살기보다 오히려 무수한 정보와 타자에게 희롱당하는 '아무도 아닌 익명의 나'로 획일화될 수도 있을 것입니다.

이 문제에 관해서는 교토학파의 철학자 미키 기요시三木淸, 1897~1945의 사상이 많은 점을 시사합니다. 미키 기요시는 "인간이 자아를

형성하기가 예전보다 어려워졌다"고 말합니다.[31]

원래 인간은 어떤 제품을 누가 만들었는지, 지금 접한 정보는 어디에서 왔는지, 앞에 있는 사람이 신뢰할 만한 사람인지 아닌지 알 수 있는 '한정된 세상'에서 생활했습니다. 그러나 현대인은 어떤 제품이 어디서 누구의 손에 만들어졌는지, 어떤 정보가 어디에서 나왔는지 전혀 알 수 없는 '무한한 세상'에 살고 있습니다. 무수한 무명의 존재, 익명의 존재에 둘러싸여 생활하는 것입니다.

사람의 개성은 타자와의 관계 속에서 형성되지만 그 관계가 무한히 확장되면 자기 자신도 그 네트워크 속에 매몰되어 '익명'이 되어 버립니다. 많은 사람과 많은 커뮤니티에 연결되어 있어도 고립되는 것입니다. 그래서 미키 기요시는 이렇게 말했습니다. "고독은 산속이 아니라 거리에 있다. 혼자 있는 인간이 아니라 많은 인간의 '사이'에 있다."[32]

익명의 타자와 지나치게 연결되어 확고한 자신을 잃어버린 우리 모습을 '허무'라는 '바다' 속의 '거품'에 비유할 수 있습니다. '거품'은 '바다'_{익명 네트워크} 속에 생겨났다가 금세 사라져 버립니다. 설사 확고한 자신을 확립했다고 생각하더라도 그 바닥은 '허무'라서 언제 무너져도 이상하지 않습니다. 그렇다면 우리는 그때그때 '허무로부터의 형성력'으로 자신을 계속 만들어 나가는 수밖에 없습니다.

사는 보람, 일하는 보람을 꾸준히 느끼지 못하거나 기업에서 일할 마음이 들지 않는 것은 앞서 말한 특징이 오늘날 무수한 정보 및 타자와 연결되는 SNS의 발전과 함께 더 현저해졌기 때문일지도 모르겠습니다.

나중에 말하겠지만 여러 기업에서 철학씽킹을 실시했던 경험에 기반하여 말하자면, 젊은 사람들뿐만 아니라 어릴 때부터 인터넷, 특히 SNS를 활용한 사람들에게 이런 현상이 현저하게 나타납니다. "이런 사람이 되고 싶다"라는 생각으로 자신을 받아주는 자리, 자신이 활약할 만한 자리를 찾아 직장을 전전하게 되는 것도 자기중심적이어서가 아니라 오히려 자기가 애초에 존재하지 않기 때문이라고 해석할 수 있습니다.

⋯ 들뢰즈의 '분인', '관리사회' 비판

분인인 '나'에게는 다양성이 있습니다. 한편 분인화가 진행되어 내가 아무도 아니게 되어 버리는 상태는 주체성 없이 외부 요소에 관리당하는 상태와 다를 것이 없습니다. 기업이 직원들에게 주체성을 요구하고 강요할 때도 그와 비슷한 문제가 나타납니다.

만년에 들뢰즈는 '분인'과 '관리사회'에 관한 문제점을 M. 푸코 _{Michel Foucault}의 '규율사회'라는 개념에 비추어 설명했습니다.[33]

들뢰즈에 따르면 감옥, 병원, 공장, 군대, 학교, 가족 등 규율사회는 '감금환경'을 만들어냅니다. 예를 들어, 공장은 노동자를 시간적·공간적 질서 안에 넣어 단순한 노동력 합계 이상의 생산력을 창출하려는 한편 급여 수준은 최저로 제한하려는 조직체입니다.

그런 공장이나 학교 등 규율사회는 구성원에게 직원번호 ○번, 출석번호 ○번 등으로 집단 내 '등록번호'를 부여하고 그 구성원을 '개인'으로 취급합니다. 권력자는 각 구성원의 개별성을 형틀에 집어넣어 조직체에 통합하려고 합니다.

한편 규율사회를 대신한 '관리사회'에서는 '개인'이 '분인가분성'으로 바뀝니다. '개인'은 분할할 수 없으나 '분인'은 분할되어 '숫자'로 관리됩니다.

예를 들어 SNS 계정은 ID와 패스워드로 관리됩니다. 사용자는 계정에 따라 행동이 달라지는 분인입니다. ID나 패스워드를 틀리면 접속할 수 없게 되는 것만 보아도 이 사람의 정체는 개인이 아니라 '숫자'를 통해 연결되는 분인입니다. 그래서 시장이나 데이터뱅크의 데이터로 취급됩니다.

들뢰즈는 특히 기업에서는 "영업부가 기업의 중추 또는 기업의 '영혼'이 되었다"라고 말합니다. 그리고 "마케팅이 사회 관리의 도구가 되어 파렴치한 지배자층을 만들어 낸다"라고 야유합니다. 또한 조직 운영에 관해서도 "개인의 급여를 강제로 변동시켜 우스꽝스럽기 짝이 없는 대항, 경쟁, 토의를 구사하는 상시적 준안정 상태를 만든다"라고 말합니다. 기업이 부서, 지사, 직원의 생산성과 효율성을 데이터로 관리, 분석하고 그 수치를 올릴 목적으로 경쟁을 부추기며 평가 제도나 구조를 변혁하려 한다면 이미 직원을 개인으로 보지 않고 분인으로 보아 데이터로 관리하는 셈입니다.

들뢰즈는 이런 기업 형태를 "개인과 개인이 대립하는 적대 관계를 만들고 개개인을 관통하여 내부에서 분단하는데 아주 편리한 도구"라고 비판합니다. 그리고 "차라리 관리사회에 대항하는 새로운 저항 형태, 마케팅의 기대에 맞설 능력을 갖춘 미래적 저항 형

기업의 '관리'에 관한 생각을 현대 경영학의 원조에서도 찾을 수 있습니다. 20세기 초 미국의 기계 기사이자 경영학자인 F. W. 테일러(Frederick Winslow Taylor)는 노동자의 작업을 과학적으로 관리하여 효율성과 생산성을 올리는 '과학적 관리법'을 제창했습니다. 이것은 공장에서 일하는 노동자의 일하는 모습을 객관적으로 관찰, 분석하여 최적의 노동 목표량과 관리 방식을 설계하고 철저한 분업 체계를 통해 작업을 표준화하여 조직의 생산성, 효율성을 최대화하는 방법입니다.

예를 들어 포드사는 테일러의 과학적 관리법을 도입한 후 생산 효율을 비약적으로 높여 대량 생산 방식을 확립했습니다. 그 결과 자동차가 보급되기 전인 20세기 초에 자동차를 싸게 대량으로 생산하는 데 성공했고 급성장을 이룩했습니다. 참고로 테일러는 노사의 대립을 중재할 협동체제나 조합을 제창하는 한편 과학적 관리법으로 종업원을 기계적으로 관리하여 매출 이익과 효과, 효율을 최대화하려 했습니다.

경영학사의 주요 조류를 돌아보면 이후에 폴렛이 노동자의 작업뿐만 아니라 '관리 전반'을 과학화하자고 주장했고, H. A. 사이먼(Herbert Alexander Simon)이 그 주장을 '관리 과학'으로 더욱 정밀하고 철저하게 다듬었습니다. 매출 이익과 효과, 효율을 중시하는 지금의 풍조가 과학적, 기계적 관리 기술의 발전과 함께 길러진 셈입니다. 그러나 폴렛은 버나드나 화이트헤드처럼 기업 경영의 또 다른 방향성을 보여 주었습니다. '관리 전반의 과학화' 뿐만 아니라 개인의 창조성 및 조직과 개인의 통합을 존중하는 '과학적 관리 철학'의 필요성도 역설한 것입니다.

버나드 역시 주체성을 회복한 인간들의 '공통 목적'을 향한 협동과 도덕적 기반에 입각한 조직 경영을 제창했습니다. 매출 이익이나 효과, 효율로는 성취할 수 없는 경영의 이상을 보여 준 것입니다. 앞으로 살펴보겠지만 화이트헤드 역시 기계적, 즉물적으로 사람을 관리하는 조직과 사회를 비판했습니다.[34]

조직과 프로젝트 구성원의 참여도를 높이는 일이 요즘 비즈니스의 가장 중대한 과제지만 경영학사를 돌아보면 구성원을 조직에 매몰시켜 주체성을 빼앗는 형태로 경영이 최적화된 측면도 있습니다. 따라서 구성원의 일하는 보람을 늘리고 자율적인 조직을 구축하려면 철학과 협동하여 기존 경영 방식을 근본적으로 재검토해야 합니다.

태가 필요하다"라고 호소했습니다.

오늘날 기업 경영은 경쟁만이 아니라 공창력을, 조직에 대한 순응만이 아니라 각 구성원의 주체성을 요구합니다. 그러나 한편으로는 DX디지털화를 추진하고 최적화, 효율화를 지향하면서 직원을 데이터로만 관리하고 개인으로 마주하지 않는 측면도 있습니다.

들뢰즈가 울린 경종에 귀를 기울이다 보니 세대나 직위 등으로 분단되지 않는 인재, 조직 개발이란 무엇인지 궁금해집니다. 그러면 그 질문의 답을 화이트헤드의 철학을 참조하여 생각해 봅시다.

···
인생은 '사건'의 연속

화이트헤드는 분인이라는 말을 쓰지 않았지만 '진짜 나'는 정해져 있지 않다는 생각은 같았습니다.

그는 인간을 포함한 이 세상 모든 존재를 '사건'으로 보았습니다. 몇천년, 몇만년 간 존속한 피라미드도 구석구석 닳거나 무너집니다. 이렇게 매일 변하며 어마어마한 세월을 거치면 결국 사라질 것입니다. 이런 의미에서 피라미드도 하나의 사건에 불과하다는 것입니다.[35]

인간의 몸에서도 세포가 매일 소멸하며 일정한 주기로 모든 세포가 교체됩니다. 그런 의미에서 개인도 생성하고 소멸하는 사건의 연쇄적 집합입니다. 이런 철학으로 해석하면 일하는 것도 사는 것도 시시각각 변하는 사건의 연속입니다. '진짜 나'는 불변의 기초가 없다는 의미에서 보면 존재하지 않는다고까지 말할 수 있습니다.

화이트헤드는 오히려 개인의 정체성은 표상적으로만 파악할 수 있다고 주장했습니다. 예를 들어 "소크라테스라는 사람에게 다양한 성격과 속성이 있다"라고 말하기보다 "소크라테스는 진리 탐구를 위해서라면 결코 타협을 허락하지 않는다"라든가 "전쟁에서는 용감하게 싸운다"라는 등의 다양한 특성이 '소크라테스다움'을 구성한다고 말해야 한다는 것입니다.

생성되는 사건의 총체가 개인이라고 생각한다면 인재·조직 개발에 어떤 변화가 필요할까요? 화이트헤드는 생생하게 약진하는 조직을 실현하려면 '생명성'이 필수라고 말했습니다. 이것은 기계적으로 관리되는 조직 형태에 정면으로 맞서는 사고방식입니다.

조직이 종업원을 기계적으로 관리하여 같은 루틴을 반복시키면 작업이 안정되므로 효율적이고 꾸준하게 성과를 낼 수 있을 것입니다. 끊임없이 변화하는 세상에서 무언가가 안정적으로 존속할 수 있는 것은 그 무언가가 같은 패턴을 반복하며 일정한 동일성을 유지하기 때문입니다. 조직의 존속에도 제도나 조직 등 '틀'과 '구조'가 필요합니다.

그러나 조직은 같은 일을 반복하기만 하면 존속할 수 없으며 그 구성원은 기계화된 제도나 구조 속에서 소외될 것입니다. 변화가 빠르고 불확실한 시대라면 더욱 외부 환경의 변화에 저항하는 자기 조직화 능력을 강화해야 합니다. 이 자기 조직화 능력의 힌트로 화이트헤드가 제시한 개념이 바로 '생명'입니다.

··· 화이트헤드가 제시한 '생명'의 개념

생명은 무기물과 마찬가지로 어느 정도 자기 구조를 유지하는 질서가 없으면 스스로 붕괴합니다. 그런 의미에서 생명은 내부에 물질성을 포함하고 있습니다.

그러나 생명은 무기물과 달리 외부 환경에 개방되어 있으면서도 자기 정체성과 다른 이질적인 물질을 받아들입니다. 특히 자기 외부의 물질을 섭취하여 대사를 유지할 뿐만 아니라 인간 등 어느 정도의 정신성을 갖춘 동물은 새로운 경험을 통해 기쁨, 즐거움, 분노 등 삶의 현실성과 내적 충실을 누립니다.

회사도 일정한 질서로 구조화된 조직이지만 자기 조직화 능력을 강화하려면 내적 충실을 실현하는 생명성을 유지하는 것이 중요합니다. 그러므로 제도나 시스템 등 구조를 유지하여 기업의 정체성 즉 자기 동일성을 보장해야 합니다. 그렇다고 과거의 성공 체험에 얽매여 자기 동일적인 구조를 유지하기만 하면 정체하여 격렬하게 변하는 사회 속에서 무너지고 맙니다.

살아남는 조직은 외부 환경과의 상호적 관계 속에서 이질적인 요소를 받아들이면서 끊임없이 가치를 창조하고 스스로 계속 변화하는 생명성을 유지합니다. 따라서 역설적인 말이지만 변화가 빠르고 불확실한 시대일수록 지속가능성을 실현하기 위해 스스로 계속 변화하고 내적 충실의 질적 강도를 높여야 합니다.

조직에서 일하는 개개인도 매일 같은 루틴만 반복하면 지루해서 생생하게 일하는 보람을 느끼기 어려울 것입니다. 이질적이고 신선한 체험이 있어야 생생한 흥미를 느낀다는 것이 화이트헤드의 생각입니다. 그러나 매일 너무 어지럽게 변화하면 그 역시 불안정할 것입니다. 변화가 빠른 외부 환경에 맞추어 너무 움직이려 하면 오히려 자신을 지탱하는 정체성이 사라져 버립니다. 그러므로 살아 있음을 실감하고 일하는 보람을 느끼며 일하기 위해서는 자기 생활과 일의 리듬을 질서 있게 구성하고 새로운 요소를 균형 있게 도입해야 합니다.

매일 같은 일을 하는 것이 행복하다고 말하는 사람도 주변 사람과의 대화나 휴식 시간의 한적함 등 무언가 즐거운 시간을 경험하고 있을 것입니다. 반대로 매일 다른 일을 하는 사람은 일이 잘 풀릴 때는 강렬하고 질 높은 시간을 새롭게 체험할지 모르지만 불안정과 늘 이웃하여 살아가기 마련입니다.

한쪽이 좋고 한쪽이 나쁜 것이 아닙니다. 양쪽 끝의 질서와 새로움 사이에 사람마다 최적의 균형점이 있을 것입니다. 다만 화이트헤드는 그 요소들이 다양하고 복잡하면서도 분산되지 않고 통합되어 있을 때 질적으로 충실한 경험을 할 수 있다고 말합니다. 그런 경험이 계속되어야 인간을 비롯한 모든 생명은 신체뿐만 아니라 정신적으로도 주체성을 갖고 자아를 형성해 나갈 수 있습니다. 여기서 중요한 것은 존속하는 모든 존재는 끊임없이 새로움을 초래하고 경험의 질을 높이고 변화한다는 사실입니다.

'유기체 철학'에서는 정적인 감각을 서로에게 골고루 미치고 약동하는 생명답게 활동해야 사람도 조직도 최대의 창조성을 발휘할 수 있다고 말합니다.

최근 IT 도구를 활용한 데이터 분석이나 조직의 데이터화가 진행되는 한편, 개인과 조직이 외적으로 분할하고 관리되면서 그 생명성을 무시당할 위험이 커졌습니다. 개인이든 조직이든 주체성을 잃지 않으려면 그런 분할과 관리에 저항해야 합니다.

● ● ●
철학씽킹의 철학

사실 생명체에 기반한 조직론은 철학씽킹의 원리와 통하는 데가 있습니다.

철학씽킹에서는 모든 의견이나 질문에 '왜?', '반대 관점이라면?' 등의 질문을 던지며 의미 맥락이 있는 논의 체계를 형성합니다. 그룹대화 형식에서는 참가자의 발언 하나하나가 점이 아닌 선으로 이어져 구조화되면서 의미 맥락을 구성합니다.

특히 2단계 이후 같은 테마를 다른 관점조건, 가치 등에서 파고들어 형성한 둘 이상의 구조가 통합되면 각 논의의 의미 맥락이 달라집니다. 즉 최초 질문그룹에 존재했던 의견, 질문의 의미가 통합된 맥락 속에서 다른 의미를 갖게 되는 것입니다.

이렇게 의미가 달라진 의견과 질문은 이때 새삼 생겨난 것이 아닙니다. 이미 존재하고 있었지만 맥락이 바뀌자 새로운 의미가 활성화된 것입니다.

그래서 화이트헤드는 "어떤 사소한 존재라도 세상에 더해지면 단순히 제품 하나가 추가되는 것이 아니라 세계 전체가 쇄신되는 창조가 일어난다"라고 말합니다. 비유하여 말하자면 "파랑과 빨강에 노랑을 더하면 단순히 노랑이 추가되는 것이 아니라 색상과 채도 등이 완전히 다른 새로운 색이 탄생하는 것"과 같습니다.

철학씽킹에서 대화를 진행하다 보면 누군가가 내뱉은 한 마디가 이전의 대전제를 뒤집고 대화 전체를 바꿔놓는 일이 자주 생깁니다. 그런 발언은 윤리적, 비판적으로 형성되는 합리적인 논의 체계에서는 비합리적인 발언으로 취급됩니다. 그러나 철학씽킹에서는 하나의 비합리적인 발언이 이전의 합리적인 논의체계 전체를 돌발적으로 무너뜨립니다.

철학씽킹이 지향하는 것, 퍼실리테이터가 기대하는 것이 바로 그 순간입니다. 비즈니스 회의에서는 논리 정연한 발언이 존중받고 이야기의 흐름에서 벗어난 의견이나 질문은 분위기 파악을 못하는 발언으로 배제됩니다. 그러나 그런 의견이나 질문은 잘 받아들여지기만 하면 혁신을 일으키고 논의를 새롭게 재구성합니다.

VUCA라는 말이 상징하듯 복잡성이 늘어난 이 시대에 기업이 혁신을 일으키고 존속하려면 비합리성을 최대한 열린 자세로 수용해야 합니다. 합리성에만 집착하면 다른 기업과 차별화되지 않을뿐더러 새로운 것을 만들어 낼 수 없습니다. 이제 모든 조직에 비합리성을 허용하는 관용이 필요합니다.

다른 세대와의 가치관, 세계관 격차

저는 지금까지 소개한 철학을 인재·조직 개발, 가치관·세대 조사 등에 활용해 왔습니다.

이번 장 앞부분에서 제시한 과제를 다루는 교육 담당자들은 자신이 당연하게 여기는 가치관에 따라 '한 회사에서 쭉 근무하는 것이 좋다'라든가 '10년을 바라보는 비전이 필요하다', '일하는 보람을 추구해야 한다'라는 전제를 깔고 교육·연수를 기획할 것입니다.

그러나 앞서 언급했듯 2~3년에 한 번씩 직장을 옮기고 싶어 하거나 사는 보람, 일하는 보람을 더욱 중시하는 사람들이 있습니다. 이런 가치관, 세계관을 가진 직원들에게 '10년을 바라보는 비전을 갖게 하자', '외적으로 작용하여 일하는 보람을 갖게 하자'_{일하는 보람을 부여하고 싶다는 의도는 좋지만}라는 과제 설정은 부적절합니다.

실제로 어떤 프로젝트팀에서 워크숍을 실시했을 당시 '10년 후의 비전'이나 '평생의 사는 보람', '일하는 보람'을 추구하기보다 "몇 주, 몇 개월의 단기간에 성장을 느끼고 싶다", "매일의 일상이나 업무 속에서 친숙하고 작은 기쁨을 계속 느끼는 것이 이상적이다"라는 발언이 나왔습니다. 이 발언의 근저에 어떤 세계관이 있는지 철학적으로 파고들어 보았습니다. 그랬더니 본인들 스스로 "어릴 때부터 매일 인터넷과 SNS로 대량의 정보를 접하고 익명의 타자와 교류하다 보니 '진짜 나'를 느끼기 어렵다", "오히려 각각의 계정이나 커뮤니티에서 가치관을 공유하며 다양한 사람의 인생을 사는 느낌이다"라고 말해 주었습니다.

인터넷의 정보는 변화가 빠른 데다 불확실할 때가 많지만 따스한 관계, 공감 가는 글을 보면 마음이 움직이고 소소한 기쁨도 느낄 수 있다고 합니다. 다만 온라인에서든 실제 공간에서든 자신이 바람직하게 느끼는 행동이나 자신이 정한 규칙에 맞는 행동은 환영하지만 혐오스럽게 느껴지거나 자신의 규칙을 거스르는 행동은 멀리하고 싶다고 합니다.

이런 경향은 SNS에서 다양한 '나'에 맞춰 계정을 추가하거나 불필요한 계정을 없애는 행동 패턴과도 무관하지 않을 것입니다.

"요즘 젊은 애들은 무슨 생각을 하는지 모르겠다", "의지가 없어서 그런지 직장을 너무 쉽게 옮긴다"라며 이들의 가치관, 세계관을 이해하지 못하는 사람들도 있습니다.

이처럼 가치관, 세계관이 다른 세대 간의 격차가 인재·조직 개발의 걸림돌이 되는 기업이 많은 듯합니다. 그러나 지금까지 제가 말한 철학적 식견에 기반하여 사고한다면 회사를 옮기지 않고도 다양한 일을 경험할 방법 등 본질적 해결책을 찾을 수 있습니다.

잠재하는 다양한 '나'와 생명으로서의 개인

　사람은 다양한 '나'를 품고 복수의 분인으로 살아갑니다. 그중에 '진짜 나'가 있다고 생각하기보다 '이것도 나, 저것도 나'라고 이해해야 어떤 면에서 진실에 더 가깝게 자신을 이해할 수 있을 것입니다. SNS 등 온라인에서는 물론이고 실제 공간에서도 어딘가 한 곳에 유일한 적을 두지 않고 그때그때 장소를 바꾸며 살아가는 것이 현대인의 일상입니다. 이런 특성이 어려서부터 디지털 공간의 삶을 병행했던 젊은 세대의 가치관에 현저히 드러납니다.

　그러나 한편으로 이런 분인화가 수동적으로 진행되면 '나'가 통합되지 않고 흩어져 버립니다. 그 결과 자신이 무엇을 하고 싶은지, 심지어 누구인지도 모르게 될 것입니다. 정보의 흐름이 빠르고 불확실한 가운데 끊임없이 생성하고 소멸하는 사건의 세계에 희롱당하는 것입니다.

　이런 점에서 사는 보람이나 일하는 보람을 확고하게 유지해야 한다는 생각이나, 한 가지 일을 꾸준히 해야 한다는 생각에도 일리가 있습니다. 그런 인생 지침, 일의 지침이 있다면 자아가 분산되지 않아 통일성이 생겨나므로 성과도 좋아질 것입니다.

　그렇다고 현대 사회에서 변하지 않는 하나의 '나'를 고집하다 보면 위험해질 수 있습니다. 지금은 도움이 되는 성격이나 기술도 몇 개월 후, 몇 년 후에는 무의미해질 수 있기 때문입니다. 지금 수요가 있는 사업도 가까운 장래에 외면당할지 모릅니다.

요즘 사회 정세나 개인의 인생 전체를 고려하여 한 회사에 머물기보다 정기적으로 직장을 옮겨가며 기술을 업그레이드하는 것 또한 현대에 살아남기 위한 처세술이라고 할 수 있습니다.

이 두 가지 사고방식은 서로 대립하거나 양립하기 불가능한 듯 보입니다. 그러나 이런 가치관, 세계관의 충돌은 인재·조직 개발에는 걸림돌이 되지만 보편적이고 통합적인 기반을 확립하기만 하면 대립과 양립 불가능성을 극복하여 충돌을 없앨 수 있습니다.

저 역시 '철학 연구자', '경영자', '대학 교원', 혹은 '남편', '아버지', '사회인 낙오자' 등 다양한 '나'를 품고 있습니다. 그중에서 어느 하나가 '진짜 나'라고 할 수는 없습니다.

그렇다고 이 많은 '나'로 살면서 제 삶이 분열하는 것도 아닙니다. 오히려 몇몇 '나'를 조합하거나 통합하여 생명으로서의 행복을 누리면서 개인으로서의 창조성을 최대한 발휘하고 있습니다.

저는 실제로 '철학'과 '비즈니스'라는 물과 기름 같은 두 분야를 철학 연구자인 '나'와 경영자인 '나'를 조합하여 통합할 수 있었고 새로운 사업과 사회적 가치를 창출할 수 있었습니다. 이러한 다양한 '나'는 다른 것으로 교체될 수 없다는 점에서 서로 유기적인 관계이며, 개인인 '요시다 고지_{吉田幸司}'를 구성하고 있습니다. 이렇게 구성된 '개인으로서의 나'는 직함이나 세대로 분할할 수 없는 하나의 실존입니다.

앞으로는 인재·조직 개발에서도 사람과 사람, 사람과 조직이 마주하기 위해 사람을 데이터로 분할하지 않고 통합된 개인으로 보려고 노력해야 합니다. 그렇지 않으면 직원과 소비자를 데이터의 집합이나 제품으로 보게 됩니다.

우리 각자는 자기 안에 다양한 분인을 품은 존재이자 '진짜 나'를 규정할 수 없는 생명으로서의 개인입니다. 그렇게 이해한다면 "2~3년마다 직장을 옮기며 기술을 업그레이드하고 싶다"라거나 "단기간에 성장을 느끼고 싶다"라고 말하는 사람들의 가치관을 받아들여 인재·조직 개발 정책을 수립할 수 있을 것입니다.

지금까지 말한 철학적 도식을 기반에 두면 인재·조직 개발자는 구성원 각자의 다양한 분인을 인정하면서 개인으로서의 성장을 지향하여 '어떻게 하면 단기간에 성장을 느낄 만한 직장 환경을 만들 수 있을까?', '한 회사에 소속된 채로 다양한 일을 체험하려면 어떻게 해야 할까?' 등의 과제를 설정할 수 있습니다. 그렇게 기획한 직원연수와 직장 환경개선 시책이 성과로 직결될 것입니다.

단순한 세대론이 아닌 보편적인 인간 이해에 기반한 조직 운영

앞서 소개한 니혼덴세츠공업의 사례에서 해결책을 제시할 때도 이런 철학이 배경이 되었습니다. 사무직, 영업직, 기술직 등 정해진 업무를 수행하다 보면 전문성 때문에 다른 직종으로 바꿀 기회가 거의 없다는 의견이 워크숍에서 나왔습니다.

새로운 경험을 원하는 사람에게 좋지 않은 상황인데, 여기에 철학씽킹이 하나의 돌파구가 되었습니다. 철학씽킹이 낯선 일을 경험할 수 있는 기회와 시스템을 만들어 준 동시에 퍼실리테이터라는 새로운 역할을 창출하여 '단기간에 성장을 느끼는 환경'과 '같은 회사에서 새로운 업무를 체험하는 구조'를 실현했기 때문입니다. 특히, 철학씽킹이 다른 지사나 부서 사람들과 과제에 관해 대화할 자리를 만들어 준 덕분에 같은 회사 내에 있으면서도 평소에 알지 못했던 다른 업무를 간접적으로 체험하거나 배울 기회가 생겼습니다. 그 성과는 앞에서 말한 대로입니다.

어떤 기업에서는 사내에 기획 전시공간을 만들고, 회사의 가치에 관한 사진이나 추억이 서린 이야기를 직원들에게 모아 전시한다는 시책을 도출한 적이 있습니다.

저는 위와 같은 철학을 배경으로 이 시책을 조금 수정할 것을 제안했습니다. 직원들이 매일 지나가는 엘리베이터 같은 곳에 전시물을 전시하여 각자가 중시하는 업무지식 등을 쌍방향으로 공유하도록 하자는 것이었습니다. 직원들의 참여도를 높이려면 개인에게 작용할 뿐만 아니라 설치 미술 등으로 환경에도 작용하는 것이 중요합니다. 특히 타자와 환경에 열린 마음을 갖고 같은 회사 내에 있는데도 이질적으로 느꼈던 업무를 접하거나 그 외의 다른 신선한 경험을 하는 것이 효과적이라고 생각하기 때문입니다.

이것은 이번 장 앞부분에서 언급한 SECI 모델과 철학 도입 모델의 '연결화', '내면화'에 해당합니다. 최종적으로는 현장의 아이디어를 받아들여 업무와 사생활이 전환되는 회사 출입구에 전시 공간을 설치하기로 했습니다. 출입구는 공적인 '나'와 사적인 '나'가 공존하는 곳입니다. 일과 사생활을 양립하고 싶다는 가치관을 가진 사람이 늘어나는 중에 이런 시책을 통해 다양한 분인을 단순히 구분하는 것이 아니라 그 분인들이 공존하는 개인으로서의 '나'의 존립을 기대할 수 있을 것입니다.

이질적인 요소를 무턱대고 동화시키려는 시책보다 각 개체에 포함된 다양한 분인의 상호 교류를 촉진하려는 이런 시도가 조직과 직원의 잠재력을 창조적으로 살리는 결과를 낳습니다.

참고로 '같은 회사에서 어떻게 새로운 일을 체험할 수 있을까?', '단기간에 성장을 느끼려면 어떻게 해야 할까?'라는 과제는 특정 세대에만 해당하는 것이 아닙니다. '평생의 사는 보람'과 '일하는 보람'이 있어야 한다고 생각하는 위 세대도 정년퇴직 후에 모든 의욕을 잃을 수 있습니다. 이처럼 재직 중의 '사는 보람'이나 '일하는 보람'은 사실 허구에 불과할지도 모릅니다.

오히려 지금까지 말했듯 인간을 생명으로 이해하고, 그때그때 이질적인 요소를 도입하여 통합하면서 내적인 충실도를 계속 높이는 것이 더 나을지 모릅니다. 그런 생각으로 '평생의 사는 보람'이나 '일하는 보람'을 이해하면 더 포괄적이고 보편적인 이해를 형성할 수 있을 것입니다.

활기 있는 조직을 만들기 위해서는 특정 가치관과 세계관을 가진 특정 집단뿐만 아니라 어떤 세대, 어떤 직무에나 적용할 수 있는 제도와 구조, 기업 문화를 양성해야 합니다.

조직이 정해 놓은 질서나 직무 안에서만 일하다 보면 답답함과 소외감을 느끼기 쉽습니다. 그러나 다양한 사람들이 대화하고 세계관을 공유하고 협동할 수 있는 자리를 마련한다면 더 생생하게 살아 숨 쉬고 더 많은 가치를 창출하는 조직을 만들 수 있습니다. 그 구성원은 단일한 개인을 넘어선 타자와의 관계나 조직 안에서 새로운 의미를 꾸준히 생산할 것입니다.

철학씽킹에 기반한 대화와 서로 다른 가치관과 세계관을 이해하는 철학적 식견으로 그런 조직을 만들어 봅시다.

선택지를 넓히고 미래를 개척하는 May의 철학

"내가 판도라의 상자를 열었나?"

요즘 이런 생각이 종종 듭니다. 앞서 말했다시피 저는 "철학에 대한 나의 연구 결과를 현실 세계와의 관계 속에서 실천하고 싶다", "더 나은 미래를 만드는데 철학이 꼭 필요하다"라는 생각으로 창업했습니다.

처음에는 아무도 거들떠보지 않았지만 다양한 매체가 우리 회사의 사업을 다루기 시작하자 "우리와 협업하면 이런 대기업을 상대로 돈을 벌 수 있다"라고 부추기는 회사, "우리도 철학으로 돈 벌고 싶다"라며 철학 컨설턴트를 자칭하는 사람도 나타났습니다.

그러나 이야기를 들어보면 그들은 철학을 비즈니스의 도구로 볼 뿐 '왜 철학인가?'에 관해서는 아무런 말도 하지 않습니다. 철학이 수단으로 전락하면 바람직하지 않은 목적에 이용당할 위험이 있습니다.

저는 지금까지 '철학의 비즈니스화'가 아니라 '비즈니스의 철학화'를 외쳐 왔습니다. "사람들과 사회에 더 좋은 상품과 서비스를 제공하고 싶다. 그런데 좋다는 것은 무슨 뜻인가?", "직원들 뿐만 아니라 모든 이해관계자를 행복하게 하고 싶다. 그런데 행복이란 무엇인가?'라는 식으로 질문을 던지고 함께 고민하는 것이 철학 컨설턴트의 역할입니다.

이 책에서는 주로 개인이나 조직, 프로젝트팀의 사례를 소개했지만 최근에 우리 회사는 다양한 전문분야를 연구하는 철학자나 윤리학자와 제휴하여 과학기술로 더 좋은 사회를 만드는 사업도 지원하고 있습니다. 또 '미래에 대한 책임'이나 '연구개발의 사명', '웰빙' 등 테마를 다루며 인간과 세상에 정말 좋은 것이 무엇인지 생각하는 작업을 기업과 일반인을 대상으로 진행하고 있습니다.

이 철학은 미리 주어진 과제를 해결하는 철학이라기보다 자유로운 사변으로서의 철학Speculative Philosophy입니다. 직접적인 이해관계와 무관하다는 의미에서 '도움이 되지 않는 철학'이라 할 수 있습니다. '철학은 도움이 되는가?'라는 질문에는 답이 이미 나와 있습니다. 분명히 도움이 됩니다. 그러나 동시에 "도움이 된다는 것은 어떤 뜻일까?", "어떻게 철학을 활용하는 것이 바람직할까?", "과연 철학이 도움이 되어야만 할까?"라는 질문을 같이 던져야 할 것입니다.

일본의 민간기업과 공공기관에서 철학을 도입하려는 움직임이 점점 확대되는 지금, 저는 도움이 되지 않는 철학이 도움이 되는 철학보다 못할 것이 없다고 주장하고 싶습니다. 물론 실용적인 철학이 있으면 좋을 것입니다. 그러나 "정말 실용적이면 다 되는가?"라고 묻는 것 역시 철학의 역할입니다.

철학의 의의는 이처럼 "다들 ○○라고 생각하지만 정말 그럴까?", "△△일지도 모르잖아"라며 다른 가능성을 열어놓는 것에 있습니다. '무엇일까?'라며 본질을 묻고 그 질문에 답한 다음 "다른 것도 있지 않을까?"라고 재차 묻는 것이 철학의 방식입니다.

수렴과 확산을 반복하며 사색을 역동적으로 전개하다 보면 "이 제 더는 다르게 생각할 수 없다"라는 결론에 당도할 것입니다. 그 결론이 유일한 답은 아닐 수 있지만 사색을 착실히 진행한 끝에 관계자 모두가 수긍하는 결론을 만날 수도 있습니다. 그 결론은 특정 테마의 논의 가능성이 바닥나는 순간 찾아올지도 모르고 누군가의 엉뚱한 발언 하나를 계기로 찾아올지도 모릅니다. 그래서 저는 'May_{might}'의 가치를 강조하고 싶습니다.

직장에서나 개인적 삶에서나 'Will_{무엇을 하고 싶은가}', 'Can_{무엇을 할 수 있는가}', 'Must_{무엇을 해야 하는가}'를 명확히 하는 것이 중요하다는 말을 듣습니다. 이 책에서도 그 중요성을 지적했습니다. 그러나 한편으로 '무엇을 하고 싶은가?', '무엇을 할 수 있는가?', '무엇을 해야 하는가?'라는 질문이 사람을 몰아붙여 가슴을 답답하게 만들 때가 있습니다.

4장에서 말했듯 '사는 보람'이나 '일하는 보람'이라는 테마로 워크숍을 진행하다 보면, 그런 사회적 요구 때문에 고민하며 괴로워하는 사람이 많습니다. '웰빙'이나 '행복'마저 다른 가치관과 세계관을 억압하는 특정한 가치관으로 작용할 수 있기 때문입니다.

한편 "○○일지도 모른다"라는 생각은 다양성을 수용하며 개인과 조직의 잠재력을 최대한으로 끌어냅니다. 물론 "무슨 짓을 해도 괜찮다"라는 말이 아닙니다. 오히려 이 말은 시간 등 자원이 한정된 상황에서 "무엇이든 상관없으니 생각해 보라"라는 메시지를 은근히 전달하며 개인과 조직의 창조성을 펼치도록 격려합니다.

저 역시 철학이 가진 'May$_{might}$'의 측면에 많은 도움을 받았습니다. 철학을 직업으로 삼으려면 대학의 전임교수가 되는 수밖에 없으므로 방대한 학교 업무를 소화하면서 정년퇴직이 올 때까지 연구결과를 발표하며 살아가야 했습니다. 그러나 저는 연구자의 길을 벗어나 다른 삶, 다른 직업이라는 선택지를 찾았습니다. 그리고 이 선택으로 제 창조성을 최대화할 수 있었습니다. 다양한 직업, 다양한 세대의 사람들과 대화한 덕분에 철학서나 대학 연구차와의 토론에서는 얻을 수 없는 많은 교훈을 깨달았습니다. 현실 세계와 영향을 주고받으며 '철학하고 있다'라는 기분도 느낄 수 있었습니다.

앞으로는 철학 연구자들도 학술과 무관한 사람이나 조직과 다양한 형태로 협동하게 될 것입니다. 저도 기존의 사업의 틀을 넘어 더욱 새로운 길을 개척하고 싶습니다.

우리 회사가 설립 이후 여기까지 성장하도록 도와주신 분이 많습니다. 특히 도쿄대학 EMP의 다카나시 나오히로高梨直紘 씨가 롯폰기 아카데미 힐즈 강연의 기회를 주신 덕분에 우리 회사 사업이 주목받게 되었습니다. 이를 계기로 일본 IBM 본사에서 철학씽킹

강연회를 열어주신 히라츠카 히로아키 씨, 사외인사로 그 자리에 참석해 주신 이바라기 마사히로 씨, 미카미 다츠유키 씨에게는 지금까지도 다양한 조언을 받고 있습니다. 늘 저의 이야기를 들어주셔서 감사드립니다. 그리고 임원인 요시타츠 사쿠라오吉辰桜男 씨, 마미야 신스케間宮真介 씨를 비롯한 우리 회사 임직원들과 공동 연구원들은 평소에 제게 큰 의지가 되어 주었습니다. 그중에서도 호리코시 요스케堀越耀介 씨, 시미즈 유스케清水友輔 씨, 오하라 유키치小原優吉 씨, 고미야 리나小宮里奈 씨가 리서치에 협력해 주신 덕분에 이 책을 알차게 채울 수 있었습니다.

이 책에 제 전문 분야도 소개했는데 연구자가 될 때까지 저를 지도해 주신 많은 선생님께 감사드립니다. 다나카 유타카田中裕 선생님, 오하시 요이치로大橋容一郎 선생님께는 학부생일 때부터 많은 신세를 지며 스스로 철학하는 자세를 배웠습니다. 정말 감사합니다.

이 책의 편집을 맡아 주신 와타베 에리渡部絵理 씨는 저의 생각을 최대한 존중해 주셨습니다. 시행착오를 거치면서도 이 책을 완성할 수 있었던 것은 전부 와타베 씨 덕분입니다. 또 3장의 기업사례를 취재할 때는 작가인 나가야마 기요코長山清子 씨의 도움을 받았습니다. 니혼덴세츠공업의 사례를 조사할 때는 사사키 도모에佐々木智絵 씨, 가라사와 도시아키柄沢俊明 씨의 협력을 받았습니다. 이 책을 발간하기까지 도움을 주신 모든 분들께 깊이 감사드립니다.

세계를 둘러보면 기후변화, 팬데믹, 전쟁 등 수많은 재해가 빈발하고 있습니다. 그러나 판도라의 상자 안에는 아직 희망이 남아

186

있습니다. 그 상자를 한 번 더 열어보려 합니다. 세상이 더 좋은 곳이 되도록 뒷바라지하는 것이 철학의 임무라고 생각하기 때문입니다.

이 책을 읽어 주신 독자 여러분도 매일의 생활과 직업에 관한 선택지를 넓히고 미래의 선택지를 넓히는 데 철학사고를 활용해 주신다면 정말 기쁘겠습니다.

이 책을 곧 7세 생일을 맞는 제 장남에게 바치고 싶습니다. 나중에 성인이 되었을 때 폭넓은 선택지 중에서 자신의 길을 고르게 되기를 아내와 함께 기원합니다. 그리고 앞으로 이 세상을 살아갈 아이들 모두가 그러기를 바랍니다.

2023년 10월 요시다 고지吉田幸司

프롤로그

1) 플라톤 《소크라테스의 변명, 크리톤》 미시마 데루오(三嶋輝夫), 다나카 다카후사(田中享英), 고단샤(講談社), 1998년, 49~50쪽

2) '〈미백〉 즉시 삭제, 로레알, 유니레버 등 대기업이 제품 라인에서' BUSINESS INSIDER, 2020년 7월 2일(https://www.businessinsider.jp/post-215732) / '제모는 필수가 아니다. 〈쓸데없는 체모〉 표현을 중단합니다' 면도기 대기업 Schick가 선언한 이유' HUFFPOST, 2022년 4월 13일(https://www.huffingtonpost.jp/entry/story_jp_624fa9bae4b06c2ea31b5be9)

3) 〈일본경제신문〉 일본경제신문사, 2019년 5월 17일 스토리 '기적의 고교(5)'. https://www.nikkei.com/article/DGXMZO44664680Q9A510C1000000/ 〈주간 다이아몬드〉 다이아몬드사, 2019년 6월 8일호, 68~74쪽.

PART 1

4) 상세 정보는 이하 기사 등 참조
"Google's in-house philosopher: Technologists need a 'moral operating system'" VentureBeat, May 14, 2011.(https://venturebeat.com/business/damon-horowitz-moral-operating-system/)
"Google's in-house philosopher talks technology" The Daily Northwestern, April 30, 2013.(https://dailynorthwestern.com/2013/04/30/campus/googles-in-house-philosopher-talks-technology/)
"Apple employs an in-house philosopher but won't let him talk to the press" QUARTZ, April 22, 2019.(https://qz.com/1600358/apple-wont-let-its-in-house-philosopher-talk-to-the-press)
당사 소유 매체《BIZPHILO》의 기사(https://bizphilo.jp/column/35/)와 앞서 언급한 〈주간 다이아몬드〉 게재 기사도 참조 바랍니다. 기사는 당사 공동 연구원인 호리에 요스케(堀江耀介) 씨가 집필합니다.

5) "Silicon Valley executives are hiring philosophers to teach them to question everything" QUARTZ, April 18, 2017. (https://qz.com/956682/philosopher-andrew-taggart-is-helping-silicon-valley-executives-define-success)

6) 나카오카 나리후미(中岡成文) 〈철학 프랙티스(카운슬링) 국제학회에 참가하여〉《임상철학(臨床哲学)》 제1권, 오사카 대학 대학원 문학 연구과 임상 철학 연구실, 1999년, 79~90쪽.

7) 이하 참조. 최근 신기술 연구개발, 사회 장치에 수반되는 ELSI(윤리적, 법 제도적 과제)에 대응할 필요가 생겨 당사도 ELSI 관련 사업을 진행하고 있습니다. 상세한 정보는 65쪽을 참고하세요.
〈AI를 이용한 룰 메이킹을 추구하며 결국 구글이 움직이기 시작했다〉 WIRED, 2019년 2월 7일(https://wired.jp/2019/02/07/google-says-wants-rules-ai/)
〈ELSI 대응 없이 데이터 비즈니스도 없다? 화제의 ELSI란〉 덴쓰호(電通報), 2020년 2월 7일. (https://dentsu-ho.com/articles/7123)
〈소비자, 데이터 비즈니스 종사자의 ELSI 과제 의식을 읽는다〉 덴쓰호, 2022년 8월 22일. (https://dentsu-ho.com/articles/8297)
최근에는 일본도 '룰 형식'을 촉구하기 시작했습니다. 〈시장 형성력 지표〉 경제산업성, 2023년 1월 12일. (https://www.meti.go.jp/policy/economy/hyojun-kijun/katsuyo/shijyokeisei/)

8) Google, Apple, Facebook(현 메타), Amazon의 첫 글자를 따서 만든 용어.

9) 이하 참조. 본 칼럼의 조사에 시미즈 유스케(清水友輔) 씨의 도움을 받았습니다.
〈구글이 AI 윤리 전문 연구자 해고, 업계에 파문이 퍼지는 이유〉 WIRED, 2020년 12월 7일(https://wired.jp/2020/12/07/prominent-ai-ethics-researcher-says-google-fired-her/)
"Two Google engineers quit over company's treatment of AI researcher" The Guardian, February

4, 2021.(https://www.theguardian.com/technology/2021/feb/04/google-timnit-gebru-ai-engineers-quit)
"Google fires Margaret Mitchell, another top researcher on its AI ethics team" The Guardian, February. 20, 2021.(https://www.theguardian.com/technology/2021/feb/19/google-fires-margaret-mitchell-ai-ethics-team)

10) "How Twitter hired tech's biggest critics to build ethical AI" protocol, June 23, 2021.(https://www.protocol.com/workplace/twitter-ethical-ai-meta)

11) 〈트위터의 대규모 해고는 'AI 윤리'에도 타격, 연구팀 '해산'이 업계에 파문〉 WIRED, 2022년 11월 6일.(https://wired.jp/article/twitter-ethical-ai-team/)

12) 주3 참조

13) 이 내용의 조사에는 오하라 유키치(小原優吉) 씨의 도움을 받았습니다.

14) "Investor Bill Miller commits $75 million to Johns Hopkins Philosophy Department" HUB, January 16, 2018.(https://hub.jhu.edu/2018/01/16/bill-miller-hopkins-philosophy-gift/)

15) 《조지 소로스》조지 소로스, 닛코(日興) 증권 주식회사 감수, TELECOM STAFF INC. 역, TELECOM STAFF INC., 1996년, 48쪽, 301쪽

16) 주2 참조

17) L. S. Ford, The Emergence of Whitehead's Metaphysics, SUNY Press, 1984, p. 309.

PART 2

18) 고바야시 사부로(小林三郎) 《혼다 혁신의 진수(ホンだ イノベーションの神髄)》, 닛케이(日経)BP사, 2012년, 8쪽.

19) 고바야시 사부로(小林三郎) 《혼다 혁신의 진수(ホンだ イノベーションの神髄)》, 닛케이(日経)BP사, 2012년, 66쪽.

20) 〈목적의식 경영〉을 생각하는 노나카 이쿠지로 씨, 가오의 사와다 회장' 일본경제신문, 2022년 2월 13일.(https://www.nikkei.com/article/DGXZQOUC21A8U0R20C21A4000000/)
'인적 자본 경영은 경영자만의 문제가 아니다. 젊은 직원, 중견이 즉시 착수해야 할 5가지' 다이아몬드 온라인, 2022년 12월 13일. (https://diamond.jp/articles/-/314028?page=2)
온라인 세미나 - H2H 강연 'ESG 경영을 주도하는 가오의 기술 혁신'(2022년 5월 18일 개최)도 참조했습니다.

21) '음주 소통 문화는 나쁜가? 계승되는 가치를 생각한다' NIKKEI 리스킬링, 2021년 12월 8일(https://reskill.nikkei.com/article/DGXZQOLM035GI0T01C21A2000000/)
기사에 따르면 '직장 동료와의 음주 소통이 필요하다고 생각합니까?'라는 질문에 '불필요', '불필요한 편'으로 대답한 비율이 61.9%에 달하여 '필요'라고 답한 38.2%를 훌쩍 웃돌았다.

22) 요시다 고지 《'과제 발견'의 최종 도구 철학씽킹》 매거진하우스, 2020년. 주3에서 언급한 〈일본경제신문(전자판)〉및 〈주간 다이아몬드〉에 기업 담당자의 코멘트 및 실천 사례가 게재되어 있으므로 함께 참고하세요.

PART 3

23) 인간 중심의 조사 기법의 총칭. 정량화되는 통계 정보 이외에도 사람의 사고방식, 느낌에도 초점을 맞추는 정성적인 조사를 중시합니다.

24) 성공의 순환 모델에 대해 이하 참조. Daniel Kim, "What is Your Organization's Core Theory of Success?" The Systems Thinker. (https://thesystemsthinker.com/what-is-your-organizationscore-theory-of-success/)

PART 4

25) 다만 주의할 것은 예를 들어 '아리스토텔레스는 ○○라고 말했는데 그것이 비즈니스에 도움이 된다'라고 말해도 그것이 옳다고 할 수 없다는 점입니다. 아리스토텔레스는 '용기'나 '절제' 등 다양한 덕을 열거하지만 논의 내용을 살펴보면 요즘 기준에서 차별적 뜻이 포함된 것도 있어서 그 덕목 리스트를 그대로 비즈니스에 적용할 수는 없습니다. 그래서 철학 연구자들은 과거의 논의에 기반하면서도 비판적으로 음미하여 업데이트하고 있습니다. 앞장까지 살펴본 사고와 태도는 철학을 비즈니스에 활용할 때도 전제가 됩니다.

26) '아트 디렉션'이나 '카피 디렉터' 등 용어나 역할이 있듯, 어떤 철학 분야나 전문가가 해당 과제에 어울리느냐를 판단하는 것 자체에 철학의 전문성과 경험이 필요합니다. 저는 그런 일련의 디렉션을 '필로소피 디렉션', 그 담당자를 '필로소피 디렉터'라고 부릅니다.

27) 화이트헤드의 철학과 경영학의 관계나 그 역사에 관해서는 다음을 참조. 무라타 야스토(村田康常) '공감에 기반한 설득으로 촉진되는 협동 – 경영 철학으로서의 화이트헤드 문명론', 〈나고야 류조 단기대학 연구 기요 제38호〉, 2016년, 77~92쪽. 요시하라 마사히코(吉原正彦) 《경영학의 신기원을 개척한 사상가들 –1930년대의 하버드를 무대로–(営学の新紀元を拓いた思想家たち – 1930年代のハーバードを舞台に–)》분신도(文真堂), 2006년

28) 노나카 이쿠지로, 도야마 료코(遠山亮子), 히라타 오사무(平田秀) 《흐름을 경영하다 – 지속적 혁신 기업의 동태 이론(流れを経営する–持続的イノベーション企業の動態理論)》 도요경제신보사, 2010년, vi쪽.

29) 앞에 든 책, iv쪽 이하.

30) 히라노 게이치로(平野啓一郎) 《나란 무엇인가 – '개인'에서 '분인'으로(私とは何か –「個人」から「分人」へ)》 고단샤, 2012년, 7쪽

31) 미키 기요시 《인생론 노트(人生論ノート)》 수록 '인간의 조건에 관하여' 신초샤(新潮社), 1954년, 58~63쪽

32) 앞에 든 책 '고독에 관하여', 65쪽

33) 이하의 논의는 질 들뢰즈 《기호와 사건: 1972~1990년의 대화(Pourparlers)》 (미야바야시 간(宮林寬) 역, 가와데(河出) 문고, 2007년, 356~366쪽)에 수록된 '추신 – 관리 사회에 관하여'를 참조하여 서술했습니다.

34) 현대 경영학의 주요 조류와는 다른 경영학 발전의 흐름에 관해서는 화이트헤드의 철학 중 경영학 응용 연구를 주로 참조했습니다. 구체적으로는 다음과 같습니다. 무라타 하루오(村田晴夫) 《관리의 철학(管理の哲学)》 분신도, 1984년. 무라타 하루오 《문명과 경영(文明と経営)》 분신도, 2023년. 후지누마 쓰카사(藤沼司) 《경영학과 문명의 전환 –지식 경영론의 계보와 그 비판적 연구(経営学と文明の転換—知識経営論の系譜とその批判的研究—)》 분신도, 2015년

35) A. N. Whitehead, The Concept of Nature, Cambridge University Press, 1964, p. 74.